CHANSONS.

A. PIHAN DE LA FOREST, IMPRIMEUR,
RUE DES NOYERS, N° 37.

CHANSONS

PAR

ALEXIS BARTEVELLE.

Rire c'est ma devise,
Chanter voilà ma loi.

PARIS,

CHEZ LES MARCHANDS DE NOUVEAUTÉS.

—

1835.

CHANSONS.

CHANSON (1821).

Air : *Vive la lithographie !*

Oui , broder est une mode
Fort en vogue maintenant ;
Elle est utile et commode ,
C'est un plaisir innocent.
En célébrant des Français
La valeur et les hauts faits ,
Un auteur à peu de frais
Brode de mauvais couplets ;
On vous brode les dentelles ,
Les sautoirs et les fichus ,
Les cornettes de nos belles ,
Même jusqu'aux ingénus [1] !

[1] Nom donné à une espèce de fichu du matin.

Le matin dans son boudoir,
Une élégante du soir
Brode ce fatal mouchoir
Qui cache ce qu'on veut voir.
Une coquette éclipsée
A son voisin décrépit
De sa puissance effacée
Cherche à broder le récit;
A sa vieille grand'maman
Au jour de l'an, un enfant,
Dans l'attente d'un présent,
Vient broder son compliment;
Quand d'une douce allégresse,
Momus donne le signal,
Un auteur brode sa pièce
Sur-le-champ tant bien que mal.
Un valet impertinent
Brode sur ce qu'il entend;
Un petit maître élégant
Se fait valoir en brodant;
Auprès d'une jeune fille
L'amant brode son roman,
Et c'est de fil en aiguille
Qu'il arrive au dénouement.

QUESTIONS A RÉSOUDRE.

Air de Marianne.

Pourquoi voit-on dans ce bas monde,
Dont le créateur souverain
Fit, dans sa sagesse profonde,
Tout, dit-on, pour un but certain :
    Tant d'intrigans,
    Tant d'intendans,
Qui font fortune à nos propres dépens ;
    Et tant d'amans
    De leurs sermens,
Pour une Agnès, prodigues impudens ?
Pourquoi tant d'offres de service
    Et si peu de sincérité ;
    Pourquoi tant de sévérité,
    Et si peu de justice ?

Pourquoi, dans le siècle où nous sommes,
Voit-on fleurir les usuriers ?

Un pauvre hère, rebut des hommes,
Et tant d'écus aux financiers?
      Sur les abus,
      Sur les vertus,
Tant d'ignorans sottement prévenus?
      Comment aussi,
      Voit-on ici
      Tant de rimeurs
     Ruiner leurs imprimeurs?
Pourquoi tant de grands malhonnêtes,
De fripons ayant du bonheur!
Pourquoi tant de femmes d'honneur,
     Et des maris si bêtes?

Pourquoi voit-on sur notre sphère
Tant d'insatiables traitans;
Le courtisan si peu sincère,
La coquette aux goûts si changeans?
      Tant d'envieux,
      D'ambitieux,
      Et dans Paris
     Tant d'excellens maris?
      Chez les auteurs
      Des rimailleurs;

Chez les acteurs
Jaloux et cabaleurs?
Pourquoi voit-on tant aux artistes
De dégout pour solder comptant?
Tant d'orgueil aux petits, et tant
De fiel aux journalistes?

Pour mieux déchirer sa victime,
Pourquoi, tous les jours sans pudeur,
Voit-on d'un trompeur anonyme,
Zoïle emprunter la faveur?
Pourquoi voit-on
Chez le Breton
Autant de tête et si peu de raison?
Autant, je croi,
De bonne foi
Chez les marchands
Qu' s'ils étaient tous Normands?
Enfin, sans plus de verbiage,
L' monde paraît trop peu parfait
Pour qu'en le créant, Dieu l'ait fait....
L'ait fait à son image!

LES ÉTRENNES DE 1821.

Air : *Vive la lithographie !*

Lorsqu'on reçoit ses étrennes,
Résultat du nouvel an,
Il faut en donnant les siennes
Se montrer reconnaissant ;
Aux barbouilleurs de papier,
Enfin aux gâte-métier,
Quoique vus d'un mauvais œil,
Je souhaite moins d'orgueil ;
Aux femmes plus de constance,
Moins de curiosité ;
Aux maris plus de prudence,
Et moins de simplicité.
A nos *immortels* guerriers,
Une moisson de lauriers.
Aux élégans du bon ton,
Tant soit peu plus de raison.
Moins, pour paraître jolies,

Aux laides d'avidité ;
Un peu moins de vieilleries
Aux marchands de nouveautés ;
Moins de savans quotidiens
Et moins de faiseurs de riens ;
Plus de verve aux musiciens ,
Au théâtre des soutiens.
Je souhaite aux journalistes
Moins de partialité ;
Un succès à nos artistes ,
Une fois bien mérité ;
Je souhaite à l'Odéon ,
Malgré le qu'en dira-t-on ,
Plus d'écus, moins de railleurs ,
Et surtout moins de bâilleurs.
Aux critiques l'indulgence ;
Aux riches l'humanité ;
Aux parvenus, moins d'insolence ;
Aux juges l'intégrité ;
Aux femmes qui font des vers ,
L'oubli d'un petit travers ;
L'obéissance aux enfans ,
La sagesse aux jeunes gens.
A l'illustre Académie ,

Toujours autant de bon temps,
Mais un peu plus de génie
A ceux que comptent ses rangs.
A tel écrivain vanté
Un peu moins de vanité;
Plus d'esprit à nos auteurs,
Et moins de morgue aux acteurs.
Plus d'adresse aux hypocrites,
Et moins de projets nouveaux;
Moins de nouvelles marmites,
Et plus de poules aux pots [1].

L'AMOUR.

Air : *Vive le merveilleux !*

L'amour est un trompeur;
Pour séduire un cœur,
Il prend mainte allure,

[1] A l'époque où cette chanson fut faite, on avait la fureur d'inventer chaque jour des marmites à nouveaux procédés ! On connaît les malheurs causés par la *marmite* dite *autoclave*.

Mainte figure :
Injustice ou raison,
Tout moyen est bon
Pour le fripon.
Tantôt d'un tendre amant,
Il prend
Languissamment
L'allure,
Et trop hardi souvent,
D'autres fois il fait l'innocent;
Il fait l'homme d'esprit,
Et tout bas se rit
De sa belle
Qui fait la cruelle;
En peignant
Son tourment,
Il fait maint serment
Qu'emporte le vent.
Il se prétend martyr,
Il va mourir....
Mais toujours fidèle,
Si l'objet de ses feux
Refuse de combler ses vœux !
L'amour est un trompeur, etc.

CHANSON.

Air : *Vaudeville de Jean Monet.*

Pourquoi d'Amour sur la terre
Tant nier l'utilité?
D'abord ce dieu de Cythère
Est celui de la beauté.
 Des talens,
 Des amans,
N'est-il pas aussi le guide
Et dans Paris, comme à Gnide,
N'est-il pas maître en tout temps?

Comme la fleur qu'une aurore
Voit tout à coup se flétrir,
Chaque jour la triste Eudore,
Se voit, hélas, dépérir !
 Un amant,
 A l'instant
Vient lui jurer sa tendresse....
Beauté, graces et jeunesse,
L'amour bientôt les lui rend.

L'Amour du pinceau d'Apelle
Guida les contours charmans ;
L'Amour donne à la plus belle
Son carquois, ses traits perçans.
  Au soupir,
  Au désir,
Il donne de nouveaux charmes,
Et s'il fait couler des larmes,
Ces larmes sont de plaisir.

L'Amour du chantre de Thrace
Inspira les sons touchans ;
Du tendre Ovide et d'Horace
Il soupira les accens.
  Aux amis
  De Paris
L'Amour a donné ses ailes ;
Il garde son cœur aux belles,
Son bandeau pour les maris.

RIRE, MANGER ET CHANTER.

Air : *Pour étourdir le chagrin*.

Rions; que chacun ici
    Sacrifie
    A la folie;
Rions tous; ce n'est qu'ainsi
Qu'on doit narguer le souci.

Si rire a quelqu'agrément,
Rire est quelquefois propice;
Plus d'une fois en riant
On fit rire la justice.
Rions, etc.

Obtenez-vous un succès,
Critique-t-on votre ouvrage?
Riez de tous les pamphlets...
C'est le parti le plus sage.
Rions, etc.

On rit quand on est content;
On rit auprès d'une belle,

Et son sourire attrayant
Est un nouveau charme en elle.
Rions, etc.

Monsieur Chompré (1) de Cypris,
Aussi bien que des trois Graces,
Ne dit-il pas que les ris
En tout temps suivent les traces?
Rions, etc.

Mais si le rire en tout temps
Fut une chose agréable,
En lui donnant nos instans,
Ne négligeons pas la table....
Mangeons bien : ce n'est qu'ainsi
    Que notre vie
      Est jolie;
Mangeons bien : ce n'est qu'ainsi
Qu'il faut narguer le souci.

Demandez au moins savant
Si manger sert à la vie;
N'est-ce pas en s'engraissant
Qu'on éloigne la phtysie?
Mangeons donc, etc.

1 Auteur bien connu d'un dictionnaire de la fable.

Le sort dit que je mourrai...
Mais pour tous c'est de même ;
Qu'au moins quand je finirai ,
Ce ne soit pas en carême.
Mangeons bien, etc.

Si tel est notre destin ,
Mourons , mais mourons à table :
D'excès ou du médecin ,
C'est toujours indispensable.
Mangeons bien , etc.

Cependant qui ne sait pas ,
Qui ne sait, je le répète ,
Qu'on couronne d'un repas
La fin par la chansonnette ?
Chantons donc : ce n'est qu'ainsi
  Que la vie
  Est embellie.
Chantons tous : ce n'est qu'ainsi
Qu'il faut narguer le souci.

N'a-t-on pas vu bien souvent
Dans le transport qui l'inspire ,
Un amant peindre en chantant

Ce qu'il n'eût pas osé dire.
Chantons donc, etc.

Ce fut par une chanson
Qu'à l'infernale justice,
Orphée arracha, dit-on,
Son indiscrète Eurydice.
Chantons donc, etc.

Je sais pourtant des maris,
En pareille circonstance,
Qui, sans remords, à ce prix,
Eussent gardé le silence.
Chantons donc, etc.

Il est temps de m'arrêter,
Sachons éviter la pente;
Je viens, je crois, de chanter,
Mais est-il sûr que j'enchante?
Chantons donc, etc.

Je termine ces couplets
Faits pour plaire à tout le monde.
Que ceux qui sont satisfaits
Répètent tous à la ronde :
Mangeons, chantons, et qu'ici
    L'on rie,

Et que la Folie
Nous prouve que c'est ainsi
Qu'on doit narguer le souci.

PLEURONS.

Complainte de Carnaval essentiellement philosophique,
faite à la suite d'un grand dîner où le Champagne
faisait voir tout de travers.

Air : *Ah ! le bel oiseau, maman.*

Pleurons, mes amis, pleurons ;
    Dans la vie
    Tout ennuie !
Pleurons, mes amis, pleurons,
Pleurons tant que nous pourrons.

L'homme, hélas ! même en naissant,
Connaît déjà les alarmes !
Et son premier sentiment
Est pour répandre des larmes !
Pleurons, etc.

A l'âge de raison, mais
S'il parvient, sort lamentable !

C'est alors, plus que jamais,
Qu'on le voit déraisonnable.
Pleurons, etc.

L'amour se glisse en son cœur,
Et bientôt il s'en empare ;
Quelle source de malheur
Ce dieu farceur lui prépare !
Pleurons, etc.

De l'amour l'ambition
Dans son ame prend la place :
Encore une passion !....
Nouveau malheur qu'il entasse.
Pleurons, etc.

Sur son *Pylade* aujourd'hui
Il compte pour une place :
L'ami lui promet l'appui,
Et pour lui garde la place.
Pleurons, etc.

Il croit la loi de l'hymen
Des lois la plus fortunée :
Mais qu'il connaît ce lien,

Hélas ! au bout d'une année !
Pleurons, etc.

Le jour il a quelque bien :
La nuit, atteint par la flamme,
Son toit brûle.... il n'a plus rien....
L' feu n'a respecté qu' sa femme ! ! !
Pleurons, etc.

C'est alors que pauvre et vieux,
Il voit la mort qui l'invite ,
Pour des destins plus heureux,
A quitter son dernier gîte....
Il pleure encore en partant,
    Cette vie
    Qui l'ennuie ;
Et tout en la maudissant,
Voudrait bien revivre autant.

MON CHOIX.

Air de Marianne.

De l'habitant de la chaumière
Ou du brillant palais des rois,

Veut-on savoir qui je préfère ?
J'aurai bientôt fixé mon choix.

 Dessous son toit,
 Le premier voit,
 Sans nul chagrin,
 Venir le lendemain ;
 Et chaque soir
 Un doux espoir
 Offre à son cœur
 L'image du bonheur :
Rien ne trouble, rien n'importune
Sa douce médiocrité.
La paix, la gaîté, la santé,
 Et voilà sa fortune !

Mondor au sein de la richesse
Jamais n'en connut la douceur ;
Tout ce qui l'entoure le blesse :
Il n'est point pour lui de bonheur.
 Bien plus encor,
 Au poids de l'or,
Il acheta souvent plus d'un remords ;
 Et ses trésors
 Ne sont pour lui

Qu'un noir sujet de dégoûts et d'ennui.
Jusqu'aux plaisirs, tout l'importune ;
Accablé de soins, de soucis,
De vils flatteurs au lieu d'amis....
Et voilà sa fortune !

RIEN.

Air d'une Sauteuse.

Un tout petit rien,
Bien
Souvent,
Pour une fillette,
Un tout petit rien
Souvent,
Pour elle, est important ;
Un tout petit
Rien suffit
Pour plaire en amourette.
De savans combien
Souvent l'entretien
N'est qu'un rien !
Un tout petit rien

Suffit pour troubler un ménage;
Un tout petit rien
Produit aussi beaucoup de bien :
Car on le sait bien,
Parfois, pour conjurer l'orage,
Sans autre moyen,
Il ne faut bien
Souvent qu'un rien.
Un tout petit rien
Forme le bien
De ma Glycère,
Et combien
De femmes qui, pour plaire,
N'ont qu'un rien !
L'Amour, par un rien,
Souvent nous prend et nous engeôle,
Et l'honneur s'envole
Trop souvent hélas ! pour un rien.
Un tout petit rien
Nous fait sortir de l'indigence;
Souvent l'opulence
De plus d'un banquier naît d'un rien.
Bref, avec un rien,
A la ronde,

Dans ce bas monde,
Nés souvent de rien,
Combien
De gens sont moins que rien.
On le voit donc bien :
Peine, amour, plaisir, paix et guerre,
Tout sur cette sphère
N'a souvent pour cause qu'un rien.
Franc épicurien,
Pour moi, ce qui me désespère,
C'est quand dans mon verre,
Dont j'use bien,
J' ne vois plus rien.

RONDE.

Air : *C'est l'amour.*

Hé bon, bon, bon, bon, bon, bon,
Guidés par la folie,
Entonnons à l'unisson
La joyeuse chanson.
Convenez-en, dans ce bas monde,
Amis, tout ne chante-t-il pas ?

Ou de sa brune ou de sa blonde,
Un amant chante les appas.
  Et que fait lorsqu'arrive
  La fin d'un gai festin,
  Chaque joyeux convive?
  Il répète en refrain :
Hé bon, etc.

Saisi d'un bachique délire,
Un bon buveur chante Bacchus;
Une coquette aime à médire
De ces attraits qu'elle n'a plus;
  Le musicien à boire,
  Le fat à se vanter,
  Le soldat la victoire,
  Le luron à chanter :
Hé bon, etc.

Puisque la vie est un passage
Où l'homme se trouve jeté,
Ah ! que du moins dans son voyage,
Pour compagne, il ait la gaîté.
  La raison est fatale;
  Elle engendre l' chagrin :
  Pour passer la morale,

Faut l'humecter de vin.
Hé bon, etc.

D'amour qu'on ressente l'ivresse,
Chaque jour qu'un solliciteur,
Par mainte et par mainte bassesse,
Veuille acheter son déshonneur;
   Qu'un prêcheur dans la chaire
   Nous débit' ses sermons,
   Qu'un fourb' s' dise sincère...
   C'est autant de chansons.
Hé bon, etc.

Quant à moi rire est mon système,
Chanter de mon temps est l'emploi;
Si tout le mond' faisait de même,
Personn' n' voudrait plus être roi.
   Allons, qu'on me seconde,
   Et, nous donnant la main,
   Dansons tous une ronde
   Au son de ce refrain :
Hé bon, bon, bon, bon, bon, bon,
   Guidés par la folie,
   Entonnons à l'unisson
   La joyeuse chanson.

LA ROSE ET L'IMMORTELLE.

Air de la robe et des bottes.

Près de l'immortelle en colère,
La rose un jour, en ces mots, s'exprimait :
« Qu'on m'honore, qu'on me révère,
« Des dieux puissans tel est l'arrêt.
« Eh quoi ! téméraire immortelle,
« Tu voudrais me dicter des lois !
« Ne sais-tu pas que la rose nouvelle
« Figure même chez les rois ?

« Sans éclat, obscure, inconnue,
« Dis-moi, qui pourrait t'accueillir ?
« Tu ne charmes en rien la vue :
« As-tu droit de t'enorgueillir ?
« Des pleurs de la brillante Aurore,
« Moi je m'embellis chaque jour ;
« Reine dans l'empire de Flore,
« Je suis l'emblême de l'Amour.

« Oui, mes qualités sont divines,
« Je suis fière de mes attraits ;

« L'on m'a reproché mes épines,
« Mais l'amour en arme ses traits.»
« —Il est vrai, répond l'immortelle,
« Je n'ai pas vos attraits brillans ;
« Mais la vertu, pour sembler belle,
« A-t-elle besoin d'ornemens ?

« Et d'ailleurs jamais ta puissance
« Fut-elle à l'abri du trépas ?
« Un seul jour est ton existence,
« Un souffle flétrit tes appas.
« Hélas ! sur moi si tu domines,
« Vas, n'en rends grâce qu'à l'erreur
« Qui ne voit pas dans tes épines
« Le serpent caché sous la fleur.»

La rose veut à l'immortelle
Répondre encor, mais c'est en vain ;
Car du temps la main éternelle
Vient mettre un terme à son destin.
Faibles humains, race éphémère,
Pourquoi tant vous enorgueillir ?
Comme la rose passagère,
Demain il vous faudra mourir.

M. Arnauld a, je crois, écrit une fable sur le même sujet.

LES CINQ SENS.

Air : *Mon père était pot.*

Quand le créateur souverain
Fit l'homme à son image,
Il donna , par un don divin ,
Les cinq sens en partage.
Célestes présens !
Tous en même temps
Font le bonheur de l'homme.
Pourtant voulez-vous
Savoir entre nous
Auquel revient la pomme.

Veut-on apprendre d'un gourmand
Lequel est préférable?
On n'a qu'à choisir le moment
Où l'on le trouve à table ;
Là , du dieu Bacchus
Sablant le doux jus
Dont il remplit sa tasse,
Il dira partout

Que des sens le goût
A la première place.

Se trouve-t-on dans un jardin,
Au milieu d'un parterre
Où resplendit près du jasmin
La rose printanière?
L'odorat charmé
Se sent embaumé
Du parfum qu'elle exhale,
Autant qu'un gourmand
L'est en traversant
Le quartier de la Halle.

Goûtant le fruit de ses travaux,
Un homme de génie
Voit-il par de nombreux bravos
Une pièce accueillie?
Ce bruit si flatteur
Pour plus d'un auteur
Peut vous faire comprendre
Que rien, à ses yeux,
N'est plus précieux
Que le plaisir d'entendre.

Quel est l'amant près de l'objet
   Pour qui son cœur soupire,
Qui n'aura pas d'un œil discret,
   Dans son brûlant délire,
      Deviné tout bas
      De secrets appas
   Qu'il rêve avec ivresse ?
      Convenez-en tous,
      Ah ! voir est bien doux
   Auprès d'une maîtresse !

Mais le toucher seul à mes yeux
   Offre le bien suprême ;
Le toucher nous égale aux dieux
   Auprès de ce qu'on aime.
      La prude en dira
      Ce qu'elle voudra ;
   Je veux vanter ses charmes ;
      Qu'on me blâme ou non,
      A tort ou raison,
Moi je lui rends les armes !

LE VIN DE BOURGOGNE.

Air : *Ah! que de chagrins dans ma vie!*

C'est toi que célèbre ma lyre,
Bourgogne, vin chéri des dieux !
Rempli d'un bachique délire,
Je veux chanter ton goût délicieux
Et ta couleur qui plaît à tous les yeux.
   Agités d'une douce ivresse,
   A ta suite on voit voltiger
Des jeux, des ris, de l'allégresse
Et des amours l'essaim léger.

   Toi seule, ô ma liqueur chérie !
   Tu sais seconder mes transports;
   Tu sais réchauffer le génie,
Et du plaisir ranimant les accords,
De la gaîté nous ouvrir les trésors.
   Ta douce chaleur fortifie,
   Et sait nous rendre la santé
   Mieux que la noire compagnie
   de messieurs de la faculté.

Tu sais fixer mon inconstance,
Inspirer le calme et la paix,
Donner du nerf à l'indolence,
De la beauté relever les attraits,
Et du savant même adoucir les traits.
　Au vigneron, dans sa chaumière,
　Tu procures un doux repos,
　Et pour lui la nature entière
　Disparaît devant tes tonneaux.

　Heureux, tranquille, il se contemple
　Chez lui comme un être immortel;
　Sa cave lui paraît un temple,
Et dans sa cuve il ne voit qu'un autel.　(*bis.*)
　Pour lui, sa modeste bouteille
　Se change en la coupe des dieux,
　Et le jus à couleur vermeille
　Devient du nectar à ses yeux.

　De cette table somptueuse,
　En vain s'élèvent les apprêts;
　En vain la main industrieuse
Avec talent a disposé les mets.　(*bis.*)
　Ivresse, gaîté sont bannies
　De ce festin délicieux,

Si les coupes ne sont remplies
Dix fois de Bourgogne bien vieux.

Couplets improvisés le 24 août 1821, pour Mlle Th. G...., âgée de huit ans, qui devait les chanter à S. Majesté le jour de sa fête.

Air : *Des maris ont tort.*

Dans les villes, dans les villages,
Chacun se met en mouvement,
Et partout sur tous les visages
Règne un air de contentement.
A voir la commune allégresse,
Je conclus sagement, je croi,
Que pour inspirer tant d'ivresse,
Rien ne vaut la fête du Roi.

Pour fêter ce beau jour en France,
Chacun veut faire de son mieux;
Imitant votre bienfaisance,
L'homme opulent fait des heureux.
Sous le chaume, au ciel l'indigence,
Sire, adresse ses vœux pour vous....

Permettrez-vous à mon enfance
De chanter des instans si doux ?

Je ne peindrai pas la sagesse
Qui préside à tous vos travaux,
Ni ce cœur qui toujours s'empresse
A soulager les moindres maux.
Ces vertus que l'on voit paraître
En vous sauront toujours charmer,
Et, Sire, apprendre à vous connaître,
Ah ! c'est apprendre à vous aimer.

Un enfant ne peut autre chose
Que répéter ce qu'il entend :
Ce qu'il doit dire, on le compose,
Et lui, mot à mot il le rend.
Mon compliment est *je vous aime;*
De ces mots je suis bien l'auteur,
Et pour les trouver de moi-même,
Je n'eus qu'à consulter mon cœur.

★

Couplet improvisé à la sortie d'une représentation au Théâtre Français, d'une tragédie de *Zénobie*, dont le succès avait été fort contesté, et, à mon sens, n'était nullement contestable.

Air d'une anglaise.

Je viens d' voir une tragédie
Dont le sujet est heureux ;
L'héroïne est *Zénobie*,
Aurélien est l'amoureux.
Coups de théâtre nouveaux,
Du tapage, de grands mots,
Un empereur, un tyran,
Un général bon enfant,
L'innocence tourmentée,
Tours et sièges et combats,
La vertu persécutée,
La victoire et le trépas,
Confidens, glaives, bandeaux,
Soldats, prêtres et bedeaux,
Panaches, allusions,
Pleurs, recommandations,

Violences, tyrannies,
Belles résolutions,
Blasphême, horreur de la vie,
Crimes, conspirations ;
Bien souvent des imbroglios
Et toujours des quiproquos;
Le martyr' à des enfans,
Des cris vraiment déchirans,
Triomphe de la puissance,
Et, pour terminer le tout,
Mort, homicide, vengeance,
Bref, amphigouri partout.

LES ON DIT.

Air : *C'est l'amour.*

C'est un bruit   (3 *fois.*)
Qui court le monde
A la ronde;
Ce qu'ici ma plume écrit,
Le monde
Me l'a dit.

A peine échappés du collége ,
Des imberbes aux goûts frondeurs,
Des écoles quittant le siége ,
S'érigent en législateurs.
    D'une voix bien hardie ,
    Ils dis'nt qu'entre leurs mains
    On doit de la patrie
    Remettre les destins.
      C'est un bruit, etc.

Nous sommes au temps des merveilles !
On va trouver la pierre enfin
Que l'alchimiste dans ses veilles
Chercha si long-tems... mais en vain.
    En miracles féconde ,
    Qu'on lui devra d' bienfaits !
    On en a dans le monde
    Plus besoin que jamais !
      C'est un bruit, etc.

Pour le plus grand bien de Thalie ,
Puiss'-t-elle donner à nos acteurs
Moins de confiance dans *leur génie*
Et plus d'égards pour les auteurs ;
    Un peu moins d'artifices

Parmi les comités,
Et surtout aux actrices
De meilleures santés.
C'est un bruit, etc.

On dit qu'on pourra de leurs places
Voir plus dignes les parvenus ;
Que l'on va dans toutes les classes
Voir résider quelques vertus ;
Qu'au temps où nous menace
Le froid matin et soir,
Un peu moins à la glace,
On va voir le *Miroir* [1].
C'est un bruit, etc.

Des grandeurs, dit-on, la manie
Va se perdre chez les bourgeois ;
Comme leurs pères, ils ont envie
De r'devenir simples et droits.
Paul fit maint'poésie...
Il va les publier :
Mais il ne les publie,

[1] Journal long-temps piquant, mais qui était devenu bien médiocre.

Dit-on , qu' pour l'épicier,
C'est un bruit , etc.

Nous allons voir des journalistes
Plus modérés et plus décens ;
Chez nos féconds vaudevillistes ,
Plus de mordant et de bon sens ,
Des maris plus fidèles ,
Des livres plus nouveaux ,
Plus de constance aux belles ,
Des libraires moins sots.
Mais tout cela n'est qu'un bruit
Qui court le monde
A la ronde ;
Ce qu'ici ma plume écrit ,
Le monde me l'a dit.

LE BONHEUR.

Air des Scythes et des Amazones.

Combien de gens , qu'avec raison l'on fronde ,
Sont convaincus que les grandeurs

Seules peuvent dans ce bas-monde
Semer notre chemin de fleurs.   *bis.*
Luc que l'ambition consume
Est opulent et le bonheur l'a fui !...
De la richesse il n'a que l'amertume, ⎱ *bis.*
Et cependant cet homme a tout à lui ! ⎰

Le gros Guillot dans son modeste asile
    Passe avec gaîté ses instans ;
    Toujours joyeux, dispos, tranquille,
    Sans trouble il voit s'enfuir le temps ;
    Il se dispose à son ouvrage,
Chaque matin dès que l'aurore a lui ;
Il goûte enfin la douce paix du sage,
Et cependant Guillot n'a rien à lui.

Valbonne croit être un petit génie
    Pour de misérables sonnets ;
    Aux vrais talens il porte envie...
    Les ignorans sont ainsi faits.
    Mais ces vers que pour siens il donne
Ne sont souvent que l'ouvrage d'autrui ;
Nouveau frêlon du Parnasse, Valbonne,
Comme beaucoup d'autres, n'a rien à lui.

Damon long-temps amoureux de Julie,
    Un jour lui déclare ses feux :
    Sa flamme est par elle accueillie,
    Il voit enfin combler ses vœux !
    Une nombreuse pépinière
De beaux enfans l'environne aujourd'hui :
Il les chérit... il est fier d'être père !
Et cependant Damon n'a rien à lui.

Paul, animé d'une folle obligeance,
    Aime à prêter à tout venant ;
    Il fournit à toute dépense,
    Et semble dédaigner l'argent.
    Telle est enfin sa bonté d'ame,
Que tout me porte à penser aujourd'hui
Qu'à ses amis il prêterait sa femme,
Tant il est vrai que Paul n'a rien à lui.

Lorsqu'un tyran place sa jouissance
    A se faire craindre d'autrui ,
    Dans l'abus qu'il met sa puissance ,
    Jamais il n'eut un cœur à lui.
    Mais le roi qui de son empire
Se plut toujours à se montrer l'appui,

Celui sous qui la liberté respire,
Ah ! celui-là tous les cœurs sont à lui.

HEUREUX LES PAUVRES D'ESPRIT.

Air: *V'là c' que c'est qu' d'aller au bois.*

Heureux sont les pauvres d'esprit !
D'autres avant moi l'ont écrit :
Inspiré par cette maxime
    Que je crois sublime,
    En mauvaise rime,
Je vais prouver, comme on l'a dit ,
Qu'heureux sont les pauvres d'esprit !

D'une place aujourd'hui Mercœur
Désire obtenir la faveur ;
Il sollicite cette grace...
    Mais un autre passe
    Qui happe la place.
Loin de s'affliger, Mercœur rit...
Heureux sont les pauvres d'esprit !

Au bout de six mois d'union,
Lucas, époux de Marion,
Voit d'une fille bien gentille
S'accroître sa famille;
De joie il pétille
Sans penser au terme prescrit.
Heureux sont les pauvres d'esprit !

Dans maint et maint livre ici-bas
Ce qu'on apprend n'équivaut pas
Encore à tout' notre ignorance;
Du moins je le pense.
D'ailleurs la science
Rend-ell' plus heureux l'homme instruit ?
Heureux sont les pauvres d'esprit !

A mon avis, ne savoir rien,
Ah ! voilà le souverain bien !
L'homm' connaît-il dans son enfance
La pein', la souffrance?
Dans son innocence,
En tout lieu le plaisir le suit....
Heureux sont les pauvres d'esprit !

Heureux sont les pauvres d'esprit !
Puisque l'Évangile nous dit

Que le ciel sera leur partage,
Croire à cet adage,
C'est se montrer sage
Et respecter un saint écrit.
Heureux sont les pauvres d'esprit !

CHANSON IMITÉE DU GREC.

Air à faire.

Agité d'un noble délire,
Je voulais célébrer les rois :
Je voulais chanter sur ma lyre
Hercule et ses vaillans exploits ;
Mais à mes doigts mon luth rebelle
Aux échos joyeux d'alentour
Chantait toujours, peine cruelle !
Chantait l'amour !

Je quittai ma lyre chérie,
Et, faisant retentir ma voix,
Je voulus célébrer Sylvie,
Les prés, les bergers et les bois.

Que dirai-je? ô peine cruelle !
Aux échos joyeux d'alentour
Malgré moi ma voix infidèle
Chantait l'amour.

LE TEMPS PASSÉ ET LE TEMPS PRÉSENT.

Air : *Vive une femme de tête !*

Auprès de chacun se plaire,
Se prêter à ce qu'on dit,
A tout le monde complaire,
Goûter le plaisir sans bruit;
Quelquefois tendre sa bourse
Au pauvre dans son réduit;
Ménager quelque ressource
Pour le temps où l'âge fuit;
Etre modeste, être sage,
Jamais de prétention,
Réservé dans son langage,
Exempt d'affectation;
De la triste politique

Eviter tout le fatras ;
Sans nous une république
Ne marchera-t-elle pas ?
Pour ses amis en souffrance
Faire servir son crédit,
Aider dans son indigence
L'homme de bien qui languit ;
Quand le veut la circonstance
Faire un petit mot d'esprit,
Mais parler avec prudence
Et mesurer ce qu'on dit :
Tels étaient chez nos vieux pères,
Que l'on blâme si souvent,
Les mœurs et les caractères.
Qu'aujourd'hui c'est différent !
Critiquer la compagnie,
S'emparer de l'entretien,
Jamais de phrase suivie,
Parler haut, ne dire rien ;
En amour tout comme en gloire,
Vanter ses nombreux succès ;
Broder mainte et mainte histoire,
Souvent trahir des secrets.
Aux jeux autant qu'à la table

Guidé par la vanité,
Emprunter l'air agréable
De la prodigalité.
Dans les salons, de poète
Se donner le titre écrit,
Lorsque chacun est en quête
Des produits de votre esprit;
Faire à chacun confidence
Des services que l'on rend;
Par orgueil et par jactance
Singer l'homme bienfaisant;
Par un moyen fort commode,
Diriger tous les États,
Des chefs blâmer la méthode
Et fronder les potentats;
En dépit des droits du Code,
En voulant agir toujours,
Faire des lois à sa mode...
Voilà l'esprit de nos jours.   (*ter.*)

LA SAINT LOUIS.

Récit fait par Gros-Pierre à ses voisins , à son retour de
Paris où il avait assisté à la fête.

Air de l'Intrigue impromptu.

Hi , hi , hi , hi , hi ,
Il faut voir, mes amis ,
J'arrive de Paris ;
Vous seriez bien surpris ,
  Bien émerveillés ,
  Si vous entendiez
  Les mille et un cris :
  D' *vive Louis !*

Pan , pan , pan , pan , pan ,
Dans les ru's se croisant ,
Se foulant, se pressant ,
Se heurtant, se poussant ,
Et souvent s'écrasant ,
On voit chaque passant
  Confondant

P'tits comm' grands,
Leurs sentimens.
C'est une joie, une allégresse,
Le peuple y va de tout cœur !
Il faut voir comme il s'empresse
A jouir de son bonheur.
L'ivresse sur tous les fronts brille,
Et, dans ces momens charmans,
Le Roi semble un père d' famille
Que fêtent tous ses enfans.

Bon, bon, bon, bon, bon,
Le clairon,
Le basson,
L' violon,
Le canon,
Le bourdon,
Pour Bourbon,
Le fifre, le hautbois
Et la trompe à la fois
Font à l'unisson
Leur carillon.

Tôt, tôt, tôt, tôt, tôt,
De tout côté bientôt

Les danseurs s' mettent en train,
Tandis qu' dans un gai r'frain
Un chanteur s' croit malin,
Parc' qu'il chante la paix
    Et les bienfaits
D'un roi cher aux Français.
Il faut voir chacun pêle-mêle
Ivre d' plaisir, d' saisissement,
La haine la plus cruelle
Disparaît d'vant c' beau moment.
Le créancier près d' son débiteur passe ;
Bref, tous les cœurs sont satisfaits :
Les méchans seuls font la grimace....
Qu'importe ? ils n' sont pas Français.

Trin, trin, trin, trin, trin,
Il est donc vrai qu'enfin
Un roi grand, juste, humain,
En nous gouvernant tous,
Va ram'ner parmi nous
    Ces jours si doux,
        Objets
    De nos regrets !

Ri, ri, ri, ri, ri,
Allons, comme à Paris,
Mes braves amis,
Unissons nos cris,
Et d'une seule voix
Répétez à la fois,
De bon cœur avec moi :
Vive le Roi ! (*ter.*)

LE FACTEUR.

Air . *Il sait tout, oui tout.*

Ah ! que l'état de facteur
Exige de tactique,
Du moins pour celui qui s' pique
D'être observateur.

Pour une petite ouvrière,
Cette lettre est un billet doux ;
A sa rougeur, à son mystère,
J' vois qu'il s'agit d'un rendez-vous.
Quand je la lui présente,

Faut voir son empressement !
Elle est toute tremblante
D' joie et d' saisissement.
Ah ! que l'état de facteur ! etc.

Cette seconde est destinée
A certain médecin fameux :
Dieu ! quelle mine consternée,
Qu'y lit-il donc de si fâcheux?...
    D'un homm' pris de phtysie
    Il comptait faire encor
    Durer la maladie...
    On l'inform' qu'il est mort.
Ah ! que l'état, etc.

Au bureau d'un' feuill' quotidienne,
J'en porte un' pour un rédacteur ;
Il lit d'un manière incertaine,
S'lon sa coutum' change d' couleur.
    Il tremble, il balbutie,
    A l'air d'un criminel ;
    Moi qui l' vois, je parie,
    Qu' cette lettre est un cartel.
Ah ! que l'état, etc.

C' billet est pour un' vieill' comtesse
Qui s' croit encor dans son printemps,
Et qui, par princip's de jeunesse,
Tient toujours beaucoup aux amans.

    Elle est d'un jeun' poète
    Qui, pour fuir l' créancier
    Et payer mainte dette,
    S'est fait son chevalier.
Ah! que l'état, etc.

En v'là deux pour un' p'tit' maîtresse :
Auprès d'ell' je suis introduit.
De lire l'une elle s'empresse,
Elle rejett' l'autre avec dépit.

    D'où j' conclus qu' la dernière
    Est de l'époux absent,
    Et qu'enfin la première
    Est cell' du remplaçant.
Ah! que l'état, etc.

J' vais ensuit' chez un militaire
Et je lui remets un paquet;
Il lit... son visage s'altère,
Il devient pensif et distrait.

    D'un enfant d' la patrie,

Il déplore le sort;
Trente ans il l'a servie...
Et d' misère il est mort ! ! !
Ah ! que l'état, etc.

Chez une dame respectable,
En quittant c' brave je me rends.
Une vive douleur l'accable :
Ell' ouvre ma lett'; des pleurs bienfaisans
   Mouill'nt sa paupièr' flétrie :
   « Mon Dieu, c'est donc fini !
   « Il r'verra sa patrie !... »
   C'est la lettr' d'un banni.
   Ah ! que l'état de facteur
     Exige de tactique !
Du moins pour celui qui s' pique
     D'être observateur.

TOUT EST COMÉDIE.

Air : *Ah ! qu'il est doux de vendanger !*

Quand dans le monde à soixante ans,
     En dépit du temps,

Lise traîne de ses appas
      L'apparence flétrie,
      Qu'est-ce si ce n'est pas
      Là de la comédie?

L'amant prodigue de serment
      Qui ment en jurant
De rester fidèle à l'objet
      Que plus tard il décrie:
      Qu'est-ce donc, si ce n'est
      Là de la comédie?

Coquette, qui pour mieux tromper
      Et pour mieux duper
Ceux qu'elle prend comme au filet,
      Singe la pruderie:
      Qu'est-ce donc si ce n'est
      Là de la comédie?

Quand j'entends d'un nouveau Crésus
      Louer les vertus,
Tandis que l'envie en secret
      Analyse sa vie:
      Qu'est-ce donc, si ce n'est
      Là de la comédie?

Tel avocat dans ce moment
Défend l'innocent,
Qui pour le coupable emploiera
Sa faconde avilie :
Qu'est-ce, si ce n'est là
Toujours la comédie ?

Aujourd'hui Paul est héritier
D'un oncle usurier ;
D'abord il prend l'argent tout net...
Ensuite il pleure, il crie :
Qu'est-ce donc, si ce n'est
Là de la comédie ?

Cet homme dont le plat métier
Est de se plier
Au devant d'un grand que tout bas
En arrière il décrie :
Qu'est-ce, si ce n'est pas
Là de la comédie ?

Auprès de son malade enfin
Un sot médecin
Qui croit, quand il la méconnaît,
Chasser la maladie :

Qu'est-ce donc, si ce n'est
Là de la comédie?

Soit diplomate, soit guerrier,
Poète ou rentier,
Dans tous les rangs, tous les états,
Plus ou moins dans la vie,
Chacun joue ici-bas
Un peu la comédie.

LES PROVERBES.

Air du partage de la richesse.

Toujours plein de délicatesse,
Jamais Dorval jusqu'à ce jour,
Auprès de gentille maîtresse
N'avait voulu se livrer à l'amour.
D'un extrême à l'autre l'on passe :
Hier soir avec la femme de Cléon
Il était seul.... mettez-vous à sa place....
L'occasion fait le larron.

Cet homme sur qui l'on s'escrime
N'annonce pas un grand esprit ;

Des propos il est la victime,
Ouvertement de lui chacun se rit.
   Sans riposter il examine ;
Il voit fort bien qu'il n'est pas le plus fort.
Doit-on pourtant s'en fier à la mine ?
   Il n'est pire eau que l'eau qui dort.

   « Quel désir dans mon sein s'allume ? »
S'écriait Laure certain jour.
   « Quelle est l'ardeur qui me consume ?
« Je le sens trop, hélas ! c'est de l'amour.
   « Cher Ariste, c'est vous que j'aime !
« Je meurs pour vous et n'ose en dire mot ;
« Ah ! si mon sort dépendait de moi-même !
   « *Je sais ce qui bout dans mon pot.* »

   La jeune Lise, simple encore,
Fait la rencontre d'un amant :
   « Belle, dit-il, je vous adore,
« Que de ma foi ce serment soit garant ! »
   Elle écoute avec complaisance
Ce qu'il lui dit, loin de s'en alarmer.
Hélas ! l'ingrat trompe son innocence....
   Il faut connaître avant d'aimer.

Après trois ans de mariage ,
Clémence perdit son mari ;
Aux premiers jours de son veuvage,
Que de regrets sur cet objet chéri !
« Tant qu'il vécut je fus fidèle,
« Je lui jurai de l'être après sa mort.... »
Damis paraît, s'insinue auprès d'elle,
Et.... les absens ont toujours tort.

L'HABIT.

Air : *C'est l'amour.*

C'est l'habit (*ter.*)
L'habit qui fait les hommes,
Et dans le siècle où nous sommes,
On juge sur l'habit.

Voyez cet homme respectable :
Jadis dans la prospérité,
Il fut, pour l'amour de sa table,
A l'envi de chacun fêté.
Mais aujourd'hui qu'il traîne

Ses jours dans le malheur,
Sur lui l'on jette à peine
Un regard protecteur.
    C'est l'habit, etc.

Tout gonflé de suffisance,
Voyez cet épais financier,
Déguisant sa basse naissance,
L'or aujourd'hui le fait briller;
    De son heureuse étoile
    Il bénit le destin...
    Levez un peu le voile,
    C'est toujours un Pasquin.
      C'est l'habit, etc.

Dans cet hôtel où l'opulence
Semble avoir fixé son séjour,
Enfant chéri de l'indolence,
Habite un homme de la cour.
    Pourquoi voit-il sa porte
    Assaillie en tout temps
    Par la plate cohorte
    Des flatteurs impudens?
      C'est l'habit, etc.

Combien de fois dans sa détresse
Un malencontreux écrivain
N'a-t-il pas compté sur sa pièce
Pour le dîner du lendemain ?
Il presse, il sollicite....
Mais il est éconduit :
On juge son mérite
A l'air de son habit.
C'est l'habit, l'habit, l'habit, l'habit
Qui fait les hommes ;
Et dans le siècle où nous sommes
On juge sur l'habit.

UN PEU DE TOUT.

Air : *Mon galoubet.*

Un peu de tout (*bis.*)
Est ma maxime favorite,
Et pourrait-on blâmer mon goût ?
Qui donne à l'homme du mérite ?
C'est lorsqu'il connaît, lorsqu'il cite
Un peu de tout (*quater.*)

Un peu de tout... (*bis.*)
Ne voyons-nous pas l'homme en place
Souvent cumuler coup sur coup ?
De la sorte lorsqu'il entasse,
C'est, dit-il, en cas de disgrace....
Il faut un peu penser à tout (*bis.*)

Un peu de tout... (*bis.*)
Dorival avec imprudence
Parvient à se glisser partout ;
Selon le vent, la circonstance,
Il rampe, il déchire, il encense ;
Enfin il fait un peu de tout. (*bis.*)

Un peu de tout... (*bis.*)
Quand Damon va dîner en ville,
Il met son appétit à bout ;
Pour plaire, il dit qu'il est utile
De ne pas être difficile :
Aussi prend il un peu de tout. (*bis.*)

Un peu de tout... (*bis.*)
Dans plus d'un cas est nécessaisse,
Plus d'une fois vous sert beaucoup :
On est toujours certain de plaire

Aux dames lorsque l'on sait faire
Un peu de tout. (*quater.*)

LE TEMPS PASSÉ.

Air : *Ah ! comme on est dégénéré !*

Il me souvient que souvent ma grand'mère
Me répétait ces mots si rebattus :
« Combien, hélas ! le siècle dégénère !
« Dans ma jeunesse, on valait beaucoup plus. »
Des vieilles gens ce refrain ordinaire,
Nous l'entendons redire tous les jours...
Ce qu'on était du temps de ma grand'mère,
On l'est encore, on le sera toujours.

La jeune fille affectait l'innocence,
Mais en secret convoitait un mari ;
Comme aujourd'hui l'on se vantait en France,
En Angleterre on faisait maint pari.
Vils par état, rampans par caractère,
Les courtisans fourmillaient dans les cours...
Ce qu'on voyait du temps de ma grand'mère,
Se voit encore et se verra toujours.

Quand le mérite, en proie à l'indigence,
Voyait ainsi payer tous ses travaux,
Les hauts emplois, les honneurs, l'opulence
Etaient souvent le partage des sots;
Comme aujourd'hui, dédaignant le parterre,
Les écrivains se montraient froids et lourds....
Ce qu'on voyait du temps de ma grand'mère,
Se voit encore et se verra toujours.

Un jeune amant jadis était habile
Quand il donnait quelque tendre leçon;
De son côté la fille était docile,
Ce qui n'est pas toujours hors de saison.
Par choix, par goût, la femme aimait à plaire,
A son mari fidèle pour deux jours....
Ce qu'on voyait du temps de ma grand'mère,
Se voit encore et se verra toujours.

Si des Piron la muse libertine
Fait regretter encor ces chansonniers,
Pour succéder à leur gaîté badine,
N'avons-nous pas Béranger, Désaugiers?
Elle n'a fait que changer de bannière,
Mais de saison elle sera toujours :

On chantait bien du temps de ma grand'mère,
Peut-être on chante encor mieux de nos jours.

LES DANGERS DE PARIS.

Air des Comédiens.

Que de dangers dans cette capitale !
A chaque pas l'abîme est entr'ouvert ;
Aux jeunes gens surtout elle est fatale,
Et que d'objets chaque jour on y perd !
La jeune fille y perd son innocence,
Plus d'un Crésus y vient perdre son bien ;
Le provincial y perd toute prudence....
Heureux encor quand il n'y gagne rien !
A vingt-deux ans on y perd sa jeunesse,
Les employés y perdent tout leur temps,
Plus d'un Mentor y perdit sa sagesse,
Et les maris y perdent le bon sens.
Les débiteurs y perdent la mémoire,
Les créanciers y perdent leur argent ;
Plus d'un acteur qui fait bruit de sa gloire,
Vu de plus près, y perd tout son brillant.

Sans s'en douter l'amant y perd sa belle,
Plus d'une femme y perdit ses appas,
Et bien souvent, en dépit de leur zèle,
Solliciteurs y perdent tous leurs pas.
Que l'on y perd de papiers et de plumes
A composer tant de romans si plats !
Et que d'auteurs avec tant de volumes
Perdent leur peine et n'en sont pas plus gras !
Plus d'un quidam, et la chose est commune,
Un beau matin y perd sa pauvreté ;
Mais sait-on bien que pour faire fortune,
Il a perdu d'abord la probité ?
Que de dangers dans cette capitale !
A chaque pas l'abîme est entr'ouvert ;
A tant de gens combien elle est fatale,
Et que d'objets chaque jour il s'y perd !

COUPLETS DE FÊTE.

A M. BRION (1822).

Air de Julie.

De chanter Jean j'avais envie,
En bannissant tout fade compliment ;

Mais d'alarmer sa modestie
J'ai conçu le pressentiment.
Des plus beaux traits son caractère brille,
Et cependant je tairai ses vertus :
Heureusement que chacun là-dessus
En sait autant que sa famille.

En me conformant à l'usage,
Je pourrais bien aussi dans mes couplets,
Dans ce beau jour faire étalage
Des vœux qu'au ciel pour vous je fais.
Je m'en dispense, et vais faire connaître
Le vrai motif qui dirige mon cœur ;
Peut-on ne pas connaître le bonheur
Quand par soi-même on le fait naître?

Pour fêter un objet qu'on aime,
Souvent on met son esprit à l'envers,
Et quelquefois l'auteur lui-même
Condamne et réprouve ses vers.
Pour moi d'un dieu je ne prends pas la lyre,
Je ne vais pas dans le sacré vallon;
Qu'est-il besoin d'invoquer Apollon,
Lorsque l'amitié nous inspire.

Oui, l'amitié toujours fidèle,
Pour vous fêter a mis nos cœurs d'accord,
Et tous les ans le même zèle
Inspirera même transport.
Ce sentiment qu'en vous chacun révère
Nous n'avons pas de peine à l'exprimer :
C'est si facile enfin de vous aimer
Et si doux de pouvoir vous plaire !

LES FEMMES.

Air : *Mon cher Calais, combien je te regrette !*

Vous qui voulez l'emporter sur les femmes,
Quelques instans modérez cette ardeur;
Ce n'est pas tout que de juger ces dames,
Il faut encor connaître à fond leur cœur.

Bien loin vraiment de l'emporter sur elles,
Sur tous les points, c'est nous qui leur cédons.
Ce que l'homme est, il le doit tout aux belles
Qui l'ont formé par leurs douces leçons.

Nous leur devons ce ton, cette manière
Qui seul distingue un cavalier français;

Nous leur devons cet art si doux de plaire
Qui chaque jour leur vaut tant de succès.

Un rien souvent en amour nous arrête;
La femme suit jusqu'au bout son dessein ;
Ce qu'une fois elle a mis dans sa tête,
Devient toujours un arrêt du destin.

L'homme jamais dans son pesant langage
Atteignit-il leurs aimables caquets?
Peut-on d'ailleurs avoir quelqu'avantage
Auprès d'un sexe à nos yeux plein d'attraits ?

Tandis qu'un rien nous abat, nous désole,
Dans le malheur bien plus fortes que nous,
Souvent, hélas ! un ruban les console
Des coups du sort qui leur ôte un époux.

Loin d'avancer qu'il surpasse les femmes,
L'homme ne peut prétendre à cet honneur ;
Car, avant tout, pour bien juger ces dames,
Il faut au moins connaître à fond leur cœur.

CONSEILS POUR PARVENIR.

Air : *Vive les amours !*

Il faut avec discernement
Agir en tout et politiquement :
    Oui , courtisans
    De tous les rangs,
      Ecoutez,
      Méditez
    Et profitez !
Pour l'homme puissant
    Soyez complaisant ,
Mais observez prudemment
    D'où vient le vent ;
    Croyez-moi surtout
    Louez, prônez tout,
Car l'homme eut du goût
    En tout temps
    Pour l'encens !
      Bercez,
      Caressez
Le pouvoir,

C'est le devoir

D'un adroit serviteur ;

Songez, pour gagner la faveur,

Que ce moyen fut toujours le meilleur.

Pour ses désirs,

• Pour ses plaisirs,

N'oubliez rien : c'est un point important.

Souple, insinuant,

Soyez près d'un grand

Soumis, rampant....

C'est ce qu'il faut souvent !

Je réponds après

Du succès

Et tel qui fut courtisan

Ci-devant,

Pourra bien peut-être un beau jour

Briguer l'honneur d'en avoir à son tour.

COUPLETS POUR LA FÊTE DE M. B****.

(1823.)

Air des Scythes.

Je me souviens encor de cet adage

Où l'on nous dit que tout change pour nous.

Grace, beauté, vous passez.... mais le sage
De vos faveurs fut toujours peu jaloux.
Quand des vertus, pour douce récompense,
Il goûte enfin les heureux résultats,
Il dit alors avec reconnaissance :
« Voilà les biens qui seuls ne changent pas. »

Pour le prouver, nous pouvons aussi dire
Qu'à vous aimer chacun met son bonheur;
Que pour toujours, nous osons le prédire,
Ce sentiment vivra dans notre cœur.
Mais soixante ans de vertus et de gloire
Mieux que des mots nous prouvent ici-bas,
En vous voyant qui n'y voudrait pas croire?
Que tout au moins, que tout ne change pas.

Oncle chéri d'une nièce adorée [1],
Ah ! goûtez bien votre félicité !
Dans tous les cas une route assurée
Doit vous conduire à l'immortalité.
Oui, vous pouvez dire avec confiance :
« Ah ! ma famille, à jamais tu vivras ! »

[1] M. B*** était oncle de Mme Hüe, dont le nom est à
jamais illustré.

Puisqu'elle porte un nom cher à la France,
Un nom sacré qui ne périra pas.

CALOMNIE.

Air: *Vole, vole.*

Calomnie,
Calomnie,
Je chanterai tes bienfaits;
Calomnie,
Dans la vie
On te doit plus d'un succès.
Toi qui craignant les disgraces,
Dans ton post' veut te maint'nir,
Toi qui cours après les places,
Sais-tu l'art de parvenir?
Calomnie,
Calomnie,
Et c'est là le vrai moyen;
Calomnie,
Dans la vie,
Un peu d'aide fait grand bien.

On dit qu' fidèle au mariage,
La femm' du voisin Ledoux,
Promet d' n'être plus volage,
Et l' mari d' n'êtr' plus jaloux.
  Calomnie !
  Calomnie !
Ce que c'est qu'un préjugé !
  Calomnie,
  Calomnie,
Ou çà s'rait donc bien changé !
On dit qu'à l'académie
On ne verra désormais
Que des hommes de génie
Connus par de vrais succès....
  Calomnie,
  Calomnie,
Mes amis, n'en croyons rien.
Est-il besoin de génie
Pour être académicien?

LE VOYAGEUR.

Air : *Merveilleuse dans ses vertus.*

Si l'on croit qu'un voyageur
Peut, en parcourant le monde,
Voir sur la machine ronde
Du nouveau.... c'est une erreur.
Que voit-on en Angleterre?
L'homme cherchant le plaisir;
La femme mettant à plaire,
Comme chez nous, son désir.
Pour faire son carnaval,
Passe-t-il en Italie?
Qu'y voit-il? mainte folie,
Festin, mascarade et bal.
Pourquoi quitter sa patrie?
Car, franchement dans ce cas,
Plus qu'on n'en veut, je vous prie,
A Paris n'en voit-on pas?
Du caprice suivant la loi,
En tous lieux un petit-maître,
Faute de se bien connaître,

N'aime et n'estime que soi.
Que verra-t-il en Espagne?
Plus d'un mari convaincu :
Mais en France, en Allemagne,
Bref, partout cela s'est vu.
A trouver l'or et l'argent,
Au Pérou si l'on travaille,
Dans quelque endroit que l'on aille
On en voit toujours autant.
L'Inde adore des pagodes ;
Mais n'importe dans quels lieux,
Sans aller aux antipodes,
Qu'on encense de faux dieux !
Pour des trajets dangereux,
C'est donc en vain qu'on s'engage,
Puisqu'on n'en revient ni plus sage,
Ni plus savant, ni plus heureux.

LA RECHERCHE DU BONHEUR.

Air des Comédiens.

J'ai parcouru presque toute la terre,
Croyant trouver en route le bonheur ;

Mais, je le vois, ce n'est qu'une chimère
Dont tôt ou tard on reconnaît l'erreur.
Indépendant dès ma tendre jeunesse,
J'ai sans amis vécu jusqu'aujourd'hui ;
Passant mes jours au sein de la richesse,
Je n'ai jamais rencontré que l'ennui !
Pour ramener le calme dans mon ame,
D'être mari je formai le désir ;
Mais de l'hymen je n'eus, grace à ma femme ,
Que les tourmens, sans avoir le plaisir.
Devenu veuf, je pris mainte maîtresse,
Croyant enfin le bonheur dans l'amour ;
C'était à qui briguerait ma tendresse....
Mais ces plaisirs sont les plaisirs d'un jour.
Par mes présens, plus que par mes hommages,
Leur cœur à moi se trouvait enchaîné :
De mes succès où sont les avantages ?
Un seul de plus et j'étais ruiné !
Lassé de tout, hélas ! pour me distraire,
Un beau matin je m'éveillai joueur ;
Mais je perdais.... çà me rendit colère,
Et de dépit, bref, je me fis buveur.
De voyager j'eus ensuite l'envie,
Et, surmontant la rigueur des frimats,

J'ai visité, bien loin de ma patrie,
Du monde entier les différens États;
J'ai parcouru la Suède, la Russie,
Mais je trouvai là le froid trop piquant :
J'ai parcouru la brillante Italie,
Mais je trouvai son ciel par trop brûlant.
Bien convaincu que sur cet hémisphère
On ne saurait rencontrer le bonheur,
Je veux me rendre heureux à ma manière,
Et ce moyen peut-être est le meilleur.

CHANSON FAITE POUR L'ANNIVERSAIRE D'UN REPAS DE CORPS.

Air : *Verse, verse le vin de France.*

Amis, que janvier de retour
A la même table rassemble,
Pour dignement fêter ce jour,
Le verre en main trinquons ensemble,
        Oui tous ensemble !
Bannissant d'un commun accord
Tout souvenir qui contrarie,

Que le vin qui coule à plein bord
Maintienne entre nous l'harmonie... (*bis.*)
En buvant, oublions la vie,
En chantant, moquons-nous du sort.

Et d'abord mettons de côté
La science et la politique;
Le discours le mieux apprêté
Ne vaut pas le hoquet bachique.
Bannissant, etc.

Coulez bons vins, sans vous tarir!
La coupe en main, toujours remplie,
Prenons pour guide le plaisir
Et pour mot d'ordre : chère lie!
Bannissant, etc.

Fou qui pourrait entretenir
Une sombre mélancolie,
Quand on a pour se prémunir
Et bon vin et femme jolie.
Bannissant, etc.

Et pourtant, amis, je le crains,
Sous la treille, comme à Cythère,
Amans transis, buveurs chagrins,

L'espèce aujourd'hui dégénère.
Bannissant, etc.

A peine nés il faut mourir....
Puisqu'un jour est toute la vie,
Faisons-en, avant d'en finir,
Un jour d'ivresse et de folie.
Bannissant, d'un commun accord,
Tout souvenir qui contrarie,
Que le vin qui coule à plein bord
Maintienne entre nous l'harmonie... (*bis.*)
En buvant, oublions la vie,
En chantant, moquons-nous du sort.

LE SOLDAT.

Air: *Heureux habitans.*

En France, un soldat
   Vole au combat
      Avec ivresse,
Guidé par l'honneur
Qui toujours réside en son cœur;
   Et dans sa valeur,

Prenant la gloire pour maîtresse,
Plutôt que de fuir,
Le soldat français sait mourir.
Semant le trépas,
En brave il poursuit sa conquête ;
La mort suit ses pas,
La victoire conduit son bras.
Les cris des mourans,
Des combattans,
Rien ne l'arrête,
Et du champ d'honneur
Il sort glorieux et vainqueur.
Fier de ses hauts faits,
Bientôt après
Amant fidèle,
Des premiers amours,
Avec zèle
Il reprend le cours :
Il donne sa foi ;
Sa belle
En vain fait la rebelle ;
Domptant la cruelle
Il sait la soumettre à sa loi.
Un aveu charmant

Est le garant
De sa victoire,
Et pour ce guerrier
Le myrthe s'unit au laurier ;
C'est ce doux succès
Qui relève encore sa gloire
Et qui pour jamais
Distingue le héros français.
Mais chacun ses goûts :
Certes, j'estime fort la gloire,
Pourtant, entre nous,
Du laurier je suis peu jaloux ;
Je trouve plus doux,
Passant mon temps à rire, à boire,
Exempt de procès,
De couler mes jours dans la paix.

TORTONI,

Air : *Ah ! ne raillez pas la grande citoyenne.*

Séjour fameux de notre capitale,
Qui ne connaît le brillant Tortoni ?
Là, sans courir, pour un cours de morale,

L'observateur trouve tout réuni ;
On y rencontre et le chef de cabale ,
Le charlatan et le compilateur ;
Maint écrivain dont la bile s'exhale ,
Le gros banquier, le fougueux orateur.
Des avocats y commentent le code,
Tout en prenant le savoureux sorbet :
Un peu plus loin un auteur à la mode
En déjeûnant esquisse maint couplet.
Mais quelle voix a frappé mon oreille?
Quoi ! c'est Valsain d'Apollon favori.
De notre siècle étonnante merveille !
Quoique poète il roule en tilbury !....
Avec ardeur il pourchasse à la Bourse
Les capitaux des modernes traitans ;
Avec adresse il saisit à la course
Le vers rebelle et les coupons flottans.
Complaisamment il vante son mérite ,
Aux vieux auteurs préfère les nouveaux ;
Mais ce qui vaut la peine qu'on le cite ,
Il rend justice à ses nombreux rivaux.
Que vois-je là? Deux époux d'une année...
La Liberté préside à leur repas,
Leur chaîne encore est toute fortunée

Et du bonheur ils font les premiers pas.
Près d'eux, sans dire une seule parole,
De gros Anglais hument sans bruit leur thé ;
A leurs côtés est un cercle frivole
D'épicuriens, enfans de la gaîté.
Les débarqués du fond de nos provinces,
D'un air surpris errent dans les salons;
Hommes d'État et ministres et princes,
On y voit tout... jusqu'aux courtiers marrons.
Séjour fameux de notre capitale,
Qui ne connaît le brillant Tortoni?
Là, sans courir, pour un cours de morale,
L'observateur trouve tout réuni.

PARIS.

Air : *Enfin dans cette cour.*

Dans Paris, des ris
La troupe folâtre et légère
Fait de ce pays
Un véritable paradis.
Les jeux et l'amour
Le choisissant pour sanctuaire,

Dans ce doux séjour
Semblent avoir fixé leur cour.

Là, sans faire un pas,
On voit mainte femme jolie
Dont les doux appas
Souvent vous font faire un faux pas.
Le provincial
Débarquant, pour qu'on le marie,
Peut, grace au journal,
Essayer du nœud conjugal.

A Paris le plaisir
S'offrant à vos yeux sans obstacle,
Invite à courir....
Entre mille on n'a qu'à choisir.
Grace à cet appui,
Le soir, soit au bal, au spectacle,
Le pesant ennui
Pour jamais loin de vous a fui.

A-t-on le désir
d'acquérir
Haute renommée?
Venez à Paris,
Mais surtout dites-vous marquis.

Donnez maint festin
Et votre gloire est proclamée;
Peut-être qu'enfin
Vos traits passeront au burin !

Ce n'est qu'à Paris
Qu'on trouve dignités, richesse,
Et qu'on sait le prix
De tous nos féconds *beaux esprits.*
On vend à Paris
Esprit et constance et tendresse ;
Enfin dans Paris
On vend tout... jusqu'à des amis.

Tout vous y séduit;
Souvent une trompeuse ivresse
Entraîne et conduit
L'homme égaré qu'elle éblouit.
De l'original,
De l'intrigue, de la sagesse,
Paris, au total,
Est le rendez-vous général.

Dans Paris des ris
La troupe folâtre et légère

Fait de ce pays
Un véritable paradis;
Les jeux et l'amour
Le choisissant pour sanctuaire,
Dans ce doux séjour
Semblent avoir fixé leur cour.

LE ROMANTIQUE ET LE CLASSIQUE.

Air : *Vole, vole.*

Romantique
Et classique,
En tous lieux, à tout moment,
Romantique
Et classique
Sont les mots de ralliement.

Cette femm' jeune et charmante
Qui, pour captiver les cœurs,
Sait se rendre intéressante
Par ses nerfs et ses vapeurs...
Romantique,
Romantique,
C'est le bon genre à présent;
Romantique,

Romantique,
Comme nous en voyons tant.

Et cet homme que l'on cite,
Bien qu'il ne soit grand en rien,
Qui se croit quelque mérite...
Pour être académicien :
Vrai classique,
Vrai classique,
Hélas ! comme on en voit tant.

Et cet ami pathétique
Qu'on oblige argent comptant,
Et qui part pour la Belgique
En emportant votre argent...
Romantique, etc.

Et ce petit homme honnête,
Brave habitant du Marais,
Qui, le soir, sur la Gazette,
S'endort près de ses chenets...
Vrai classique, etc.

Et cette femme parfaite
Qui fidélité jura
Et qui la nuit en cachette

Court au bal de l'Opéra...
      Romantique, etc.

Et cet époux débonnaire
En but à tous les hasards,
Qui de sa moitié si chère
Ignore tous les écarts...
      Vrai classique, etc.

Et cette jeune vestale
Qui dans les bois de Pantin
Va faire un cours de morale
Avec son petit cousin...
      Romantique, etc.

Bref, le romantiqu' sans peine
S' distingue du classique, c'est
Comme le gaz hydrogène
Auprès de l'huile à quinquet.
      Romantique
      Et classique,
En tous lieux, à tout moment,
      Romantique
      Et classique
Sont les mots de ralliement.

LA GASTRONOMIE.

Air des Blouses.

Divin pouvoir de la gastronomie,
Des estomacs toi qui fais le bonheur,
Je veux chanter et qu'une voix amie
Devienne ici l'organe de mon cœur.
Gloire, grandeurs, par une loi commune,
Tout dépérit jusques aux nations :
Mais les dîners des coups de la fortune
Seront vainqueurs... grace aux élections.
Oui, du dîner, dans le siècle où nous sommes,
On ne saurait récuser le pouvoir;
C'est en dînant qu'on gouverne les hommes,
Et chaque jour encor nous le fait voir.
Dîner est tout : les plaisirs et les peines
Sont oubliés auprès d'un bon dîné;
C'est le seul but des actions humaines
Pour l'homme riche et pour l'infortuné !
Voyez un peu frapper à chaque porte
Ce petit homme en habit écourté;
Ne croit-on pas que le vent seul le porte,

A voir son pas vif et précipité ?
Hélas ! pourtant de sa mine tragique
Il ne faut pas ici trop s'étonner ;
Ce petit homme est un auteur comique
Au ventre creux, qui cherche son dîner.
C'est pour dîner qu'auprès de la puissance
Le courtisan agite l'encensoir;
C'est pour dîner que, prêchant l'abstinence,
Tartuffe à jeun nous peint le monde en noir.
L'homme de rien et l'homme de mérite
A bien dîner ont un égal penchant,
Et que de gens, que dans le monde on cite,
Dont ce fut là toujours le seul talent !
Enfin, dîner est le bonheur suprême,
Et tout aussi nous le prouve en ce jour;
Car le traiteur qui donne à dîner même,
C'est, je le crois, pour dîner à son tour.

CHANSON A BOIRE.

Air de Masaniello.

Cette vie est comme un parterre
Couvert d'épines et de fleurs;

Et pour un plaisir éphémère,
Qu'on y récolte de douleurs !
De ce parterre, quoiqu'on glose,
Je veux, amis, chaque matin,
Moi-même aller cueillir la rose,
Sans être inquiet du lendemain.

Loin de l'antre de la chicane,
Loin de la ville et du chagrin,
Simples habits, simple cabane,
Mais cave pleine de bon vin ;
Amis joyeux, sincère amie,
Boire, chanter, aimer sans fin,
Voilà ce qui peut dans la vie
Faire oublier le lendemain.

Horace, le dieu de la lyre,
Anacréon, celui du vin,
Dans leur tendre et joyeux délire,
Jamais n'ont connu le chagrin.
Au plaisir, à l'amour fidèles,
Tous les deux ont chanté le vin,
Et tous deux auprès de leurs belles
Ont oublié le lendemain.

Amis, qu'ici Bacchus attire
De concert avec la gaîté,
A ma chanson daignez sourire :
D'un tel prix je serai flatté.
En l'honneur du dieu de Cythère,
En l'honneur de celui du vin,
Puissions-nous, buvant à plein verre,
Oublier tous le lendemain !

LE ROI DE LA FÈVE.

Chanson improvisée chez madame de T..., où le jour des
Rois la fève m'était échue.

Air : *Les anguilles et les jeunes filles.*

Je suis las de la république,
C'est trop rester irrésolu ;
J'adopte une autre politique,
Je veux le pouvoir absolu.
Pour régner que sert la sagesse ?
Je n'en eus jamais, croyez-moi,
Je suis enclin à la paresse...
Mes amis, je veux être roi.

Pour bien gouverner mon empire,
Je veux des ministres aussi,
Et je m'en vais moi-même élire
Des gens qui soient à ma merci.
De l'intérieur, des intendances,
A Bacchus je donne l'emploi;
Je mets le Plaisir aux finances...
Mes amis, je veux être roi.

Quelqu'un me proposait naguère
De rendre les droits féodaux;
Vilains, redoutez ma colère,
De ces droits souffrez les plus beaux.
Oui, du Seigneur avec justice
Le droit est le plus doux pour moi.
Je prétends qu'on le rétablisse;
Mes amis, je veux être roi.

Mais déja, triste effet du trône !
Près de moi naissent les dégoûts;
Dans le lointain rugit Bellone,
Lisette me sourit moins doux.
Ah ! rejetons, mon cœur l'ordonne,
Ce triste, ce fatal emploi :

J'abdique à jamais la couronne...
Mes amis, je ne suis plus roi.

D'ailleurs je vois à cette table
Où je ne dus régner qu'un jour,
Une reine bien plus capable
De commander en ce séjour.
Je quitte un pouvoir éphémère
Pour me conformer à sa loi ;
Certes, le bonheur de lui plaire
Vaut bien le plaisir d'être roi.

LE SERMENT.

Air : *Depuis long-temps j'aimais Adèle.*

Souvent en butte à mainte catastrophe,
   Je renonce au monde, aux plaisirs :
Je jure alors en sage, en philosophe,
   De passer mes jours sans désirs ;
Je jure encor, oubliant mon délire,
   Que de mes jours je n'aimerai ;
Je jure... mais Lise vient de sourire :
Non, mes amis, non, je n'ai rien juré.

Ma voix long-temps chanta l'amour, les belles,
　　A Bacchus j'offris mon encens;
La liberté, me couvrant de ses ailes,
　　Enflamme mes faibles accens !
Mais désormais à mon serment fidèle,
　　Je jure que je me tairai;
Je jure... mais l'infortune m'appelle...
Non, mes amis, non, je n'ai rien juré.

Pour ce nectar qui savait tant me plaire,
　　Mes lèvres n'ont plus aucun goût;
Ah ! trop de fois j'en ai rempli mon verre...
　　Après le plaisir, le dégoût.
Jamais bouteille, ô ma douce compagne !
　　J'en jure, je ne te boirai...
Mais quoi ! j'entends pétiller le Champagne...
Non, mes amis, non, je n'ai rien juré.

CHANSON DE TABLE.

Air des Pierrots.

Que j'aime en un banquet splendide
A me voir entouré d'amis !

En reine la gaîté préside
Aux lieux où le couvert est mis.
Ah ! le plaisir des gastronomes
Est le plaisir le plus certain ;
Et rien ne rapproche les hommes
Comme l'attrait d'un bon festin.

Protestons contre le régime
Qu'un corps voudrait accréditer ;
Une aussi funeste maxime
Ne tend qu'à nous débiliter.
Aux médecins, veut-on m'en croire,
Amis, portons un coup fatal :
Passons notre temps à bien boire...
Nous les menons à l'hôpital.

Sur nos bachiques catalogues,
Gardons-nous surtout de coucher
Bière, cidre et semblables drogues
Qui ne font jamais trébucher.
Et si quelqu'un par des mélanges
Ose profaner nos celliers,
Que Bacchus, au temps des vendanges,
Change ses vignes en pommiers.

Depuis long-temps, Adam l'atteste,
Les pommes ont porté malheur ;
Pâris, grace à ce fruit funeste,
Mit trois déesses en rumeur.
Pour exprimer la brouillerie :
Pomme de discorde, est français :
Voyez plutôt en Normandie,
Que de pommes, que de procès !

On dit qu'un jour en Angleterre
Nous irons mettre le holà ;
Mais les vins que mon cœur préfère
Ne sont pas de ce pays là.
A quoi donc peut servir la guerre ?
Puisque le fruit de cent combats
N'est bien souvent qu'un coin de terre
Où la vigne ne pousse pas.

A BAS L'EAU!!!

Profession de foi d'un buveur indigné de s'être trouvé à un
repas où le nombre des carafes l'emportait sur celui des
bouteilles.

Air : *Faut d' la vertu, pas trop n'en faut.*

A bas l'eau !... ne m'en montrez pas : }*bis.*
Non, jamais d'eau dans un repas!!!
Voulez-vous, amis, que je chante ?
Faites-moi verser du bon vin ;
Il rendra ma voix plus touchante,
M'inspirera maint gai refrain.
A bas l'eau ! etc.

Mais si vous voulez que je gronde,
Ah ! faites-moi donner de l'eau.
Liquide affreux ! ! !... jadis au monde
N'a-t-il pas servi de tombeau ?
A bas l'eau ! etc.

Noë, quand il planta la vigne,
Certe à son jus n'a pas voulu

Que jamais un mélange indigne
Vînt marier son superflu.
A bas l'eau ! etc.

Je veux bien qu'on creuse sur terre
Bassin, et rivière et ruisseau,
Pourvu pourtant que dans mon verre
Je n'aperçoive jamais d'eau.
A bas l'eau ! etc.

D'elle naît la mélancolie ;
Et moi, l'ennemi du chagrin,
Je dis qu'on ne peut de la vie
Trop égayer le court chemin.
A bas l'eau ! etc.

Hélas ! peut-être vers la Parque
Caron nous conduira demain !
Avant de monter dans sa barque,
Humectons-nous encor de vin.
A bas l'eau ! etc.

Des transports d'une douce ivresse
Pourquoi vouloir nous garantir ?
Que ce soit folie ou sagesse...

Qu'importe si c'est un plaisir ?
A bas l'eau ! etc.

Chanter, aimer, vider son verre,
Voilà les plaisirs les plus doux :
Si le bon Dieu venait sur terre
Il voudrait faire comme nous.
A bas l'eau ! etc.

A ce cri qui ferait la guerre ?
Je n' vois qu' les poissons dans ce cas ;
J' conviens qu' l'eau leur est nécessaire...
Mais par bonheur ils n' parlent pas.
A bas l'eau !... ne m'en montrez pas ;
Non, jamais d'eau dans un repas !!!

Facit indignatio versum.

COUPLETS DE FÊTE

Adressés à M. B*** (1826.)

DIALOGUE ENTRE MA MUSE ET MOI.

Air de Fanchon.

Allons, allons, ma muse,
Je ne veux pas qu'on muse ;

Il faut vite vous apprêter.
　— Mais quelle circonstance
En ce jour faut-il exploiter ?
　　J'ai tout chanté, je pense ;
　　Que puis-je encor chanter ?

　　— Assis à cette table,
　　Vois-tu cet homme aimable
Que le ciel se plut à doter ?
　　Partout on le révère,
Partout il l'entend répéter.
　　Hé bien, c'est lui, ma chère,
　　C'est lui qu'il faut chanter.

　　Parle de sa tendresse
　　Si vive pour sa nièce,
Qui sait si bien la mériter.
　　— C'est chose si connue,
Que chacun pourrait l'attester.
　　Mais, pour ma bienvenue,
　　Que vais-je donc chanter ?

　　— De son humeur légère
　　Qui sait si bien nous plaire,
Péins-nous les agrémens

Charmans ;
Peins-nous tout son mérite,
Toute sa grace à raconter.
— C'est ce que chacun cite...
Que vais-je donc chanter ?

—Certe, un rien t'embarrasse ;
Ne peux–tu donc, de grace,
Trouver du neuf pour le fêter ?
Si tu n'es pas en veine,
Pour un an il faut nous quitter :
A la saint Jean prochaine,
Songe à le mieux chanter.

LES GRIMACES.

Air: *Vole, vole.*

Que d' grimaces !　(*bis.*)
Ici-bas
Qui n'en fait pas ?
Que d' grimaces　(*bis.*)
On voit faire à chaque pas !

C' mari qui r'vient de voyage
Sans avertir sa moitié,
Et qui r'trouve son ménage
Quelque peu multiplié....
    Quell' grimace ! (*bis.*)
      Ici–bas
     Qui n'en fait pas ?
    Quell' grimace (*bis.*)
Alors ne fera–t–il pas ?
Êt's vous à l'académie ?
(C' que j'ne vous souhait' pas toujours)
Qu'un d' ses hommes de génie
S' dispose à lire un discours...
    Quell' grimace ! (*bis.*) etc.
Ce puissant du jour en place
Pour autrui si dédaigneux,
Qu'un matin de sa disgrace
Il reçoiv' l'avis fâcheux....
    Quelle grimace ! (*bis.*) etc.
Ce neveu plein de tendresse,
Aux p'tits soins pour son parent,
Qui se voit, quelle détresse !
Oublié dans l'testament.....
    Quelle grimace ! (*bis.*)

Ici-bas
Qui n'en fait pas?
Quell' grimace *(bis)*
Alors ne fera-t-il pas?

COUPLETS DE FÊTE. (1828.)

Air du Maçon.

Du rendez-vous l'heure m'appelle,
Comus sourit à nos désirs,
Et l'amitié toujours fidèle,
Nous promet de nouveaux plaisirs.
J'aperçois Momus et sa suite,
Et de ses grelots qu'il agite
Le doux bruit retentit déja....
Courons vite *(bis)*
Les vrais amis sont toujours là.

C'est la gaîté, c'est la folie,
Qui du banquet font les honneurs,
Et parmi nous de l'harmonie
Rien ne peut troubler les douceurs.

Ayant à jamais su proscrire
Procès, politique et satyre,
La franchise ici s'installa :
  S'il faut rire,
  D'un franc rire,
Les vrais amis sont toujours là.

Mais une fête nous réclame,
Il faut présenter son bouquet ;
Au risque d'encourir le blâme,
Je mettrai le mien en couplet.
En me conformant à l'usage,
Ici je peux faire étalage
Des vœux que pour vous on fera :
  Pour vous plaire,
  Vous complaire,
Les vrais amis sont toujours là.

Amis, qu'un jour si favorable
De bon accord réunit tous,
Pour l'an prochain à cette table
Je vous assigne un rendez-vous.
Mais plutôt ici je préfère
Former un vœu qui va vous plaire ;
Dans vingt ans près d'Jean que voilà,

Pour sa fête à tous si chère,
Avec lui retrouvons-nous là !

POINT DE POLITIQUE.

Air : *Vivent les grisettes!*

Point de politique
Qui nuit au plaisir,
Et qu'on ne s'applique
Qu'à se divertir.

Mille et mill' chimères
Nous mett'nt à l'envers;
Dans l'siècl' des lumières
On voit tout d'travers.
Point de politique, etc.

Pourquoi parler d'guerre ?
J'préfèr', pour raison,
Le tin-tin du verre
Au son du canon.
Point de politique, etc.

Fi d'la sainte-alliance
Et d' l'intervention !
Mais viv' la bombance
Et le cotillon.
Point de politique , etc.

Qu' d'autr's prisant la gloire,
Au sein des combats
Cherch'nt une victoire
Que je n'brigue pas.
Point de politique , etc.

A fillett' docile
J'livre assaut gaîment ;
C'est moins difficile
Et plus amusant.

Point de politique
Qui nuit au plaisir,
Et qu'on ne s'applique
Qu'à se divertir.

COUPLETS POUR LA FÊTE DE M. B****. (1829.)

Air : *Trou là-là.*

Aidez-moi (*bis*),
J'en conviens de bonne foi,
On n'est pas (*bis*)
Dans un plus grand embarras.

Il me faut une chanson
Pour fêter l'ami Brion ;
J'ai beau m'creuser le cerveau,
Je n'puis rien trouver d'nouveau.
Aidez-moi, etc.

Quand il s'agit d'fêter Jean
Le zèle est toujours présent,
Mais par malheur le talent
Est presque toujours absent.
Aidez-moi, etc.

L'an dernier, j'crois, j'ai chanté
Son esprit et sa bonté....

Qu'dire aujourd'hui d'ses vertus ?
Si c'n'est qu'ell's ont un an d'plus.
Aidez-moi, etc.

J'avais d'abord le projet
De me taire tout-à-fait ;
Et j'parierais qu'en secret
Vous dit's que j'aurais bien fait.
Aidez-moi, (*bis*)
J'en conviens de bonne foi,
On n'est pas (*bis*)
Dans un plus grand embarras.

AUTRES, POUR LE MÊME.

Air : *Amis, mettons-nous en train.*

Vive, vive la gaîté !
A Jean répétons sans cesse
En buvant à sa santé,
Vive, vive la gaîté !

Jean est un nom bien commun ;
Jamais on n'en fut avare...

Nous voulons en fêter un,
Mais un pareil Jean est rare.
        Vive, etc.

Avec son eau du Jourdain
Jean inspire la tristesse;
Le nôtre avec du bon vin
Nous inspire l'allégresse.
        Vive, etc.

Saint Jean fut un homme expert,
Mais nous aimons mieux le nôtre :
L'un prêchait dans le désert,
Tout le monde écoute l'autre.
        Vive, etc.

Saint Jean, dans le ciel assis,
Vit là-haut en bon apôtre;
N'est-on pas en paradis
Quand on est auprès du nôtre?
        Vive, etc.

Ainsi donc, point de milieu,
Notre Jean aura la pomme;
Sur la terre il est un dieu,
Et l'autre au ciel n'est qu'un homme.
        Vive, etc.

Chantons aujourd'hui ; demain ,
Chantons toute notre vie ,
Cet agréable refrain
Inspiré par la folie.
Vive , vive la gaîté !
A Jean répétons sans cesse
En buvant à sa santé ,
Vive , vive la gaîté !

LES HÉROS DE JUILLET.

Air : *Faut d'la vertu , pas trop n'en faut.*

Grands héros de juillet , dit-on ,
Vous avez le nez un peu long ;
Mais c'est égal , et vos exploits
Vous ont valu de bien beaux droits.

Ils ont dit : « Nous brisons vos chaînes,
« Allez reconquérir vos droits. »
Et ces messieurs, pour prix d'vos peines ,
S's ont emparés d'tous les emplois.
      Grands héros , etc .

Plus d'noblesse! était leur cri d'guerre ;

Mais oubliant leurs propr's leçons,
On voit leur fierté roturière
S'pavaner dans d'nouveaux blasons.
    Grands héros, etc.

Ils s'indignaient qu'dans ses tourelles,
Un grand murât la liberté ;
Pourtant eux-mêm's lui rogn'nt les ailes,
Eux qui prêchaient l'égalité ! ! ! !
    Grands héros, etc.

Par eux la Franc' d'vait rajeunie,
Fleurir à l'ombr' de leurs hauts faits ;
Et c'est just' pour çà, je l'parie,
Qu' c'te pauvr' France est plus bas qu'jamais.
    Grands héros, etc.

Tel est l'effet de leurs promesses !
A pein' dans leurs palais nouveaux,
Abjurant leurs fausses caresses,
Ils vous traitent comm' des vassaux.
    Grands héros, etc.

Mais que des combats l'heure sonne,
Par peur ils vous tendront la main ;
Sur vot' front plaçant la couronne,
Ils vous nomm'ront l'peuple souv'rain !

Grands héros de juillet, dit-on,
Vous avez le nez un peu long ;
Mais c'est égal, et vos exploits
Vous ont acquis de bien beaux droits.

LE DRAPEAU BLANC. (1830.)

Air du Matelot.

Tu vas nous fuir, vieux compagnon de gloire ;
Que je te presse encore sur mon sein !
Ah ! ton exil retrace à ma mémoire
Ce que jadis fut ton noble destin.
Mais tu n'es plus le drapeau de la France ;
Ah ! cachons bien tes titres précieux....
De te revoir n'est-il plus d'espérance ? } *bis.*
Adieu, drapeau, drapeau de nos aïeux !}

A Roncevaux, guidés par ton écharpe,
Les preux volaient sur les pas de Roland ;
En ton honneur, aux tournois sur sa harpe
Le ménestrel soupirait plus d'un chant.
Mais tu n'es plus, etc.

C'est devant toi que la France, à Bouvines,
Vit l'ennemi s'enfuir épouvanté :
Sous ton abri, ceint de palmes divines,
Le franc vainqueur marchait avec fierté.
Mais tu n'es plus, etc.

Aux champs d'Ivri, théâtre de sa gloire,
C'est ta couleur que portait le bon roi ;
C'est toi qui sus conduire à la victoire
Condé, Villars, à Denain, à Rocroi.
Mais tu n'es plus, etc.

Quand des tyrans abreuvés de nos larmes
Faisaient sur nous peser leur main de fer,
Le Vendéen en saisissant ses armes,
Pour ralliement te fit briller dans l'air.
Mais tu n'es plus, etc.

Naguère encor des deys la fille altière
A des vieux Francs reconnu l'étendard....
Hélas ! des pleurs humectent ma paupière,
D'autres couleurs flottent sur ses remparts.
Noble drapeau qui protégeais la France,
Sont-ils finis tes destins glorieux ?
En t'éloignant laisse-nous l'espérance....
Tu reviendras, drapeau de nos aïeux !

Couplets chantés par de jeunes demoiselles dans un concert
où les avait réunies leur maître de musique.

Air de la Madelinette.

Au doux charme de l'harmonie
Livrons aujourd'hui notre cœur :
Sans elle il n'est point dans la vie
Ni de plaisir, ni de bonheur.

Qu'entre nous un concert commence ;
De l'amitié prenons le *ton ;*
Sauvons surtout la *dissonance*
Et mettons-nous à l'*unisson.*
Au doux charme, etc.

Le jour où l'on fait connaissance
On débute par l'*andante ;*
Le temps donne plus d'assurance ;
Bientôt après vient le *forte.*
Au doux charme, etc.

On aime à se trouver ensemble ;
Pour se voir on accourt *presto ,*

Et l'instant où l'on se rassemble
Est celui de l'*allegretto*.
Au doux charme, etc.

O toi, notre estimable maître,
Toi qui nous formas aux talens,
L'avantage de nous connaître
Est encore un de tes présens.
Au doux charme, etc.

Entretiens toujours la concorde
Dont nous te devons le bienfait;
Et s'il se démonte une *corde*,
Remets-nous à l'*accord parfait.*
Au doux charme de l'harmonie
Livrons aujourd'hui notre cœur;
Sans elle il n'est point dans la vie,
Ni de plaisir ni de bonheur.

REGRETS.

Air : *Muse des bois.*

Toi, qui jadis fus pour nous l'espérance,
Qu'en sa bonté Dieu nous avait donné,

Qui dus régir les destins de la France,
Ah! tu n'es pas de tous abandonné!
Loin des grandeurs, naguère ton partage,
Ah! puisses-tu, fuyant un sort fatal,
Dans ton exil, à l'abri de l'orage,
Trouver la paix ravie au sol natal.   } bis.

Ne pleure plus ta patrie insensée
Qui méconnut ses sermens et sa foi ;
Ne pleure plus ta couronne brisée,
C'est un malheur aujourd'hui d'être roi.
Pauvre enfant, né dans le sein des alarmes,
Dont la venue effaçait nos douleurs,
Tu vas passer dans l'exil et les larmes
L'âge où la vie est un chemin de fleurs.   } bis.

N'est-ce pas toi qu'on nomma fils de France,
Que tout un peuple accueillit enivré ?
Verrons-nous fuir avec indifférence,
Un avenir si long-temps désiré ?
Noms d'Henri-Quatre et de son blanc panache,
Ne trouvez-vous que des cœurs froids, glacés ?
Quoi! plus d'espoir? quoi du drapeau sans tache
Les souvenirs sont-ils tous effacés ?   } bis.

Si repoussé du trône de tes pères,
Tu dois subir un destin rigoureux,
Que dans l'exil les jours te soient prospères,
Et s'il se peut, pauvre enfant, sois heureux !
Pour ton pays si ton ame soupire,
Souviens-toi bien, au sein de ton malheur,
Qu'ici ton nom conservant son empire
Y fait encor palpiter plus d'un cœur ! } *bis.*

SOYONS PRUDENS !

Air : *Alerte.*

Silence !   (*bis.*)
De la prudence
En nos propos ;
Silence !   (*bis.*)
Trève aux bons mots.

Une maxime favorite
Que je me suis toujours prescrite,
Est que l'on doit être discret,

Ne pas dire ce que l'on sait ,
Ni tout ce que l'on fait.
Silence ! etc.

A part ses discours insipides ,
J'aime les principes solides
De certain monarque banquier...
Verbe haut, geste familier ,
Il a tout pour briller.
Silence ! etc.

Comme lui, trop heureux le sage
Qui du ciel reçoit en partage
Le don de s'attirer les cœurs ,
Qui sait répandre ses faveurs
Et peut dire aux flatteurs :
Silence, etc.

En dépit des plaisanteries
On va faire des Tuileries
Un château fort.... J'avais pensé
Que l'amour d'un peuple sensé
Valait mieux qu'un fossé.
Silence, etc.

Mais, bon dieu, quelle ardeur me pique ?
Faisons trève à la politique :
Oublions les jours de juillet,
Ne parlons jamais du budget,
    Ni des *fusils Gisquet* [1].

      Silence, etc.

On pouvait du temps de nos pères
Chanter gaîment sur ses misères ;
Maintenant Persil [2] sans façon
Met la folie à la raison
    Et Momus en prison.
      Silence ! (*bis.*)
    De la prudence
    En nos propos ;
      Silence ! (*bis.*)
    Trève aux bons mots.

---

[1] Tout le monde se rappelle la fourniture de fusils sans chiens, dans laquelle le préfet de police avait trempé d'une manière scandaleuse.

[2] Il était procureur-général.

L'ARGENT.

Air: *Ah! c'est une indignité!*

On a tout avec l'argent :
C'est le plus sûr talisman,
    Car l'argent
    Tout puissant
Conduit à tout maintenant ;
Il en faut pour le tailleur,
Il en faut pour le traiteur....
En un mot, comme en cent,
On n'a jamais trop d'argent.
    Sent-on pour un' belle
    Une ardeur nouvelle?
    Son amour
    Sans détour
Peut s'acheter tant par jour.
C'est un fait notoire ;
Aujourd'hui la gloire,
Les plaisirs, les soucis,
On a tout à juste prix.

6

Oui l'argent, toujours l'argent,
C'est le mot de ralliement;
  Du matin jusqu'au soir
  On travaill' pour en avoir.
  Et ce travers est si grand
Qu'il n'est pas même à présent,
  Jusqu'aux singes vraiment [1],
Qui n'en demand'nt au passant.
  Le soir sur votre passage
Que veut ct'homme au noir visage,
  Au laconique langage?...
  Il veut votre argent.
Que veut ce grand publiciste?
Que veut ce petit artiste?
Que veut cett' jeun' modiste?
  Toujours votre argent.
Du brillant palais des rois
A l'humble toit villageois,
Tout bénit, tout connaît
De ce métal le bienfait;

[1] On voyait à l'époque où cette chanson fut faite, de petits montagnards montrant des singes qui, après leurs exercices, faisaient eux-mêmes la quête, en tendant leur bonnet aux spectateurs rassemblés.

Et demandez seulement
Au nourrisson
d'Apollon
Si de l'argent comptant
N'offre pas quelqu'agrément?
Car dans ce bas monde
On fuit à la ronde
Qui sans bien,
N'ayant rien,
Est reconnu sans moyen;
Evitant sa trace,
On est tout de glace
Pour celui   (*bis*)
Qu'on sait dépourvu d'appui.
Recherche-t-on un emploi?
Veut-on séduire la loi?
Avec l'or   (*bis*)
Certe, on y parvient encor;
Sans argent jamais d'égards,
Puisque même au Pont des Arts,
De passer sans un sou
On ne peut venir à bout.
Un adage
Qu'on dit sage,

Pour un bonheur sans nuage,
Nous engage,
Quel dommage !
A mépriser l'argent ;
Mais, j'l'avoue à ma honte,
Il s'en faut bien pour mon compte
Que j'accepte
Ce précepte
Trop extravagant.
Car, je soutiens hardiment
Qu'on a tout avec l'argent :
Et bon temps,
Et talens,
Esprit, sciences, vertus.
Demandez aux parvenus
Que jadis nous avons vus
Presque nus,
Sans écus
Ce qu'ils seraient devenus.

IL FAUT BOIRE.

Air de Caroline.

Amis, il faut boire
Et c'était un point bien arrêté,
Veuillez me croire,
Dans l'antiquité.

Ce sage discret,
De vertu modèle parfait,
Que dans Athène on honorait,
Que toute la terre
révère,
Pour boire à long trait
Du vin clairet,
Socrate allait
En philosophe au cabaret,
Quand sa femme était en colère.
Imitons Socrate :
Car l'on doit s'enivrer chaque mois,
Dit Hippocrate,
Au moins une fois.

Platon qui, dit-on,
De sagesse donnait leçon,
Reçut dans Athène un surnom
Qui prouve qu'il fut magnifique ;
    Du nom de *divin*
On l'honora.... parce qu'enfin
Noble, il régalait de bon vin
L'auditoire philosophique.
    Oui le vin dilate
Et l'on doit, etc.

    Héraclite était
Toujours en pleurs et s'attristait ;
Mais c'est que le vin lui sortait
Par les yeux à force d'en boire.
    Et je crois vraiment
Qu'Aristote était buveur franc,
Car certe Alexandre-le-Grand
Son disciple, aimait fort à boire.
    Oui le vin dilate, etc.

    Doux effets du vin ;
Démocrite sur son déclin,
En flairant le jus du raisin

De trois jours prolongea sa vie [1] ;
Et loin d'aimer l'eau,
Usant d'un procédé nouveau,
Diogène dans un tonneau
Logea pour mieux sentir la lie.
    Oui le vin dilate, etc.

    Quelquefois la nuit,
Esope à la cave sans bruit
    Et par la servante
      Conduit,
Goûtait au vin de maître Xante.
    Epicure enfin
Des bons buveurs est le parrain,
Et sa morale sans chagrin
En vaut bien une autre qu'on vante.

    Amis, il faut boire
Et c'était un point bien arrêté,
    Veuillez m'en croire,
    Dans l'antiquité.

Il y a ici substitution ; car c'est, dit la tradition, en flairant un pain sortant du four, que ce philosophe parvint à prolonger sa vie de quelques jours.

LE VOYAGEUR COSMOPOLITE.

(En société avec M. A. P***.)

Air : d'une Anglaise.

Sur l'un et l'autre hémisphère
J'ai voyagé quarante ans ;
J'ai visité de la terre
Les différens habitans.
Partout où j'ai traversé,
Dans les lieux où j'ai passé,
Et la nature et les arts
Ont attiré mes regards.
J'ai parcouru l'Atlantique,
La Russie et le Pérou
Et par amour pour l'antique
J'eusse été.... je ne sais où !
Aussi, je puis sans erreur
Dire qu'aucun voyageur
Dans aucun temps n'a connu
Ce qu'en mes courses j'ai vu.

En parcourant l'Amérique
Du sud au septentrion,
Au nord j'ai vu le Mexique [1]
Et le géant Patagon ;
Descendant vers le midi,
Le long du Missisipi,
J'ai vu dans le Canada
Le grand saut du Niagara :
Là, brillent de la nature
Les riches productions ;
Aussi j'ai fait, je vous jure,
D'immenses collections
En végétaux, minéraux,
En très rares animaux,
Eléphans, lions, serpens,
Empaillés.... même vivans.
De là, passant en Afrique
Par l'isthme de Panama,
Du fond du golfe Persique
Je descendis à Jaffa ;

[1] Il n'est pas nécessaire de dire que les fautes de géographie sont faites à dessein.

Puis en remontant soudain
Le beau fleuve du Jourdain,
J'ai visité Bethléem,
Jéricho, Jérusalem.
Aux fameuses pyramides
En Egypte j'ai couru ;
Là, dans les deux Thébaïdes
Dieu sait tout ce que j'ai vu !
De ce pays si vanté
Où je suis long-temps resté,
J'allai, non sans avoir chaud,
Tout droit chez le Hottentot.
Du cap de Bonne-Espérance
A la Chine je passai ;
Là, jeuss' vu du beau, je pense,
Si l'on ne m'en eût chassé :
Car on sait que les Chinois
Sont tous de vilains sournois ;
Je courus donc au Japon,
Mais j'y subis même affront.
Surpris de voir en Asie
Pour les arts tant de mépris,
A travers la Barbarie
Je m'en revins vers Paris.

Je ne vous décrirai pas
Ce que j'ai vu sur mes pas;
Mais ces sauvages pays
Par les savans sont maudits.
J'ai visité cette Athène
Fertile en héros si grands;
Mais las! depuis Démosthène
Qu'on y voit de changemens!
Ses peuples jadis si fiers,
Aujourd'hui sont dans les fers;
Par le malheur corrompus,
Combien ils sont descendus!
J'ai parcouru l'Italie,
Mais partout j'ai rencontré
Dans une belle patrie
Un peuple dégénéré.
Bref, les lieux les plus vantés
Par moi furent visités
Et malgré ce que j'ai vu
Je suis resté couvaincu
Qu'on a beau courir la terre,
Rien au monde, à mon avis,
N'a de titres pour nous plaire
Autant que notre pays.

COUPLETS DE FÊTE

A M. B. (1832.)

Air : *Une fille est un oiseau.*

D'un saint de nous tous connu
Déja la fête s'approche ;
Pour éviter tout reproche,
Réparons le temps perdu [1].
De notre veine engourdie
Ranimons la léthargie ;
Dans le repos endormie
L'amitié l'éveillera :
C'est elle ici qui m'inspire....
Je veux bien tenir la lyre,
C'est elle qui dictera (*bis*).

Pour écrire une chanson
Invoquant son patronage,
Mettons-nous vite à l'ouvrage.

[1] Depuis 1829 il y avait eu interruption dans la réunion annelle des amis de M. B***, provoquée par la fête.

Quand il faut chanter B***,
Loin de se montrer rebelle,
Ma muse quand je l'appelle
Au plaisir toujours fidèle,
Trouve quelques sons encor;
Car pour celui que l'on aime,
Gaîté, rimes, esprit même,
Tout arrive sans effort.

Pour finir avec honneur
Ce banquet qui nous rassemble,
Amis, trinquons tous ensemble,
Et du plus profond du cœur
Que chacun levant son verre,
Pour une santé si chère
Adresse au ciel sa prière
Contre les hasards du temps;
Et grace à notre tendresse,
Puisse sa belle vieillesse
Être un éternel printemps!

MES VINGT ANS!

Air : *Tout ces vieux troupiers.*

Toujours bien portant
Et toujours content,
Chez moi dame Mélancolie
N'eut jamais d'accès ,
Et je jouissais
De tous les plaisirs de la vie.
Sans maille, ni denier,
Je n'avais qu'un grenier ;
Mais dédaignant toute étiquette,
L'amour y venait en cornette....
Ah ! quels doux instans !
C'était le bon temps,
Je n'avais que vingt ans !

Oui, certes vingt ans
Voilà le bon temps
Pour aimer, chanter rire et boire !
De nos gais festins,
De nos gais refrains

Moi, je garde encor la mémoire.
Franch'ment Epicurien,
Je n'étais qu'un vaurien,
Mais aux femmes si sûr de plaire ;
Vidant si lestement un verre !...
Ah ! quels doux instans!
C'était le bon temps.....
Que n'ai-je encor vingt ans !

Inconstant, léger,
Aimant à changer,
Chaque belle avait mon hommage.
Aujourd'hui vraiment
C'est bien différent,
Et sans mentir c'est grand dommage !
Qu'un minois gracieux
S'offre encor à mes yeux,
Je cherche en vain, je le confesse,
L'éloquence de ma jeunesse.....
Adieu mon bon temps,
Hélas! je le sens,
Je n'ai plus mes vingt ans !

Trop tôt disparus,
Ces jours ne sont plus

Pour moi qu'une ombre fugitive,
Et dans le lointain
D'un but incertain
Il me semble entrevoir la rive.
Mes pas sont chancelans
Et mes cheveux sont blancs;
Chaque hiver me laisse une trace
Dont je ressens toujours la glace.
Adieu, doux printemps,
Beaux jours et bon temps....
Je n'ai plus mes vingt ans!

Mais sur le passé,
L'plaisir effacé,
Lorsque je reporte ma vue;
Avec des regrets
Je contemplerais
La route que j'ai parcourue!
Non, de chaque plaisir
Je garde un souvenir
Qui soutient ma philosophie
Et charme le soir de ma vie:
Pour les bons vivans,
Pour les bons vivans,
C'est toujours le bon temps.

LE SOUVENIR.

Air : *Heureux habitans.*

Chacun, je le crois,
Aime à conserver la mémoire
De ses vieux exploits
Et de ce qu'il fut autrefois ;
Se sent-on vieillir ?
Usant d'un moyen illusoire,
Pour se rajeunir
On a recours au souvenir.
Cette antiquité
Dont on semble éviter les traces,
Fut une beauté
Dont le nom jadis fut cité ;
Avec volupté
Elle se rappelle les graces,
Les attraits vainqueurs,
Qui lui soumirent tant de cœurs.
Voyez ce gourmet
Jouet d'une faim indiscrète ;
Pour lui Corcelet
N'a pas de mets assez parfait.

Contraint de jeûner,
Pour tromper un peu sa diète,
Il doit se borner
A se rappeler un dîner.
Ce vieil amateur
Qu'on voyait conter la fleurette,
D'un sexe enchanteur
En vain recherche la faveur :
Et le souvenir
Des galans exploits qu'il regrette
Est le seul plaisir
Dont il puisse encore jouir.
Et ce vieux guerrier
Que l'on vit échanger ses jambes
Contre maint laurier
Dont il peut se glorifier ;
A quatre-vingts ans
Voudrait comme les plus ingambes,
Parmi ses enfans
Venir se placer dans leurs rangs.
Enfin le marin
Qu'on vit sur la terre et sur l'onde,
Bravant le destin,
Jeune, franchir tant de chemin,

Maintenant hélas !
Vous fait encor le tour du monde,
Sans faire un seul pas,
Etendu dans sa chaise à bras.
Chacun, je le crois,
Aime à conserver la mémoire,
De ses vieux exploits
Et de ce qu'il fit autrefois ;
Se sent-on vieillir ?
Usant d'un moyen illusoire,
Pour se rajeunir
On a recours au souvenir.

LA NUIT.

Air : *Patati, patata.*

A la nuit (*ter.*)
Tout nous engage
A rendre hommage ;
Car la nuit
Me séduit......
C'est le plus bel ouvrage
Que le créateur ait produit.
Qui fait dans le Marais
Qu'auprès de ses chenets

Un bourgeois en ronflant
S'endort sur l'*Drapeau blanc* [1] ?
    C'est la nuit, etc.

Aux boutiques d' Paris
Qui prête du vernis?
A tant de teints flétris
Qui donne encor du prix?
    C'est la nuit, etc.

Qui donne le signal
Des plaisirs et du bal,
Et qu'attend un amant
Avec tant d'empressement?
    C'est la nuit, etc.

Qui donne à l'artisan
Un repos bienfaisant,
L'espoir aux indigens,
Aux maris des enfans?
    C'est la nuit, etc.

Qui laisse au débiteur
L'plaisir, dans son malheur,
De rire des huissiers,
D'narguer les créanciers?
    C'est la nuit, etc.

[1] Journal existant alors.

On parle du soleil
Comme étant sans pareil :
Moi, du disque argenté,
J'aime mieux la clarté !
  C'est la nuit, etc.

Le jour je suis sans l'sou,
Et la nuit le Pérou
En songe, quand je dors,
Vient m'ouvrir ses trésors.
  C'est la nuit, etc.

Vainement de mon feu
Lis' repousse l'aveu....
La nuit un rêv' vengeur
M'console de sa rigueur.
  C'est la nuit, etc.

Bref, si je m'écoutais,
De chanter ses bienfaits
Jamais je n'finirais....
Et par prudence je m'tais.
  C'est la nuit, etc.

FIN.

****

TABLE.

—

FIN DE LA TABLE.

De l'Imprimerie d'A. PIHAN DE LA FOREST,
rue des Noyers, 37.

www.ingramcontent.com/pod-product-compliance
Lightning Source LLC
Chambersburg PA
CBHW060135100426
42744CB00007B/797